AUTRES RÉFÉRENCES PROPRES À CETTE LIVRAISON

AM   *D'autres et moi*. Paris, Grasset, 1966.

BN1... *Bloc-notes*. Édition Jean TOUZOT. Paris, Seuil, 1993.

LV1   *Lettres d'une vie (1904–1969)*, correspondance recueillie et présentée par Caroline MAURIAC. Paris, Grasset, 1981.

LV2   *Nouvelles lettres d'une vie (1906–1970)*, correspondance recueillie, présentée et annotée par Caroline MAURIAC. Paris, Grasset, 1989.

MAM   *Mauriac avant Mauriac*. Édition Jean TOUZOT. Paris, Flammarion, 1977.

MP   *Mémoires politiques*. Paris, Grasset, 1967.

PPR   *Paroles perdues et retrouvées*. Édition Keith GOESCH. Paris, Grasset, 1986.

PR   *Les Paroles restent*. Édition Keith GOESCH. Paris, Grasset, 1985.

SR   *Souvenirs retrouvés : entretiens avec Jean Amrouche*. Édition Béatrice AVAKIAN. Paris, Fayard - Institut National de l'Audiovisuel, 1981.

Je tiens à remercier tous ceux dont les conseils et le soutien m'ont aidé à mener à bien ce projet :
MM. Timothy Mathews, Richard Griffiths, Jacques Monférier et Pierre-Alain Larue, ainsi que la British Academy et l'Université d'Exeter.

Ce livre est dédié à Sarah.

ARCHIVES DES LETTRES MODERNES

collection fondée et dirigée par Michel MINARD

274

PAUL COOKE

Mauriac

et

le mythe du poète

une lecture du *Mystère Frontenac*

lettres modernes minard

PARIS - CAEN

1999

SIGLES ET ABRÉVIATIONS

ŒUVRES

[*ŒC*], I à XII *Œuvres complètes*. Paris, Arthème Fayard — « Bibliothèque Bernard Grasset », 1950–1956.

ŒI à 4 *Œuvres romanesques et théâtrales complètes*. Édition Jacques PETIT. Paris, Gallimard, « Bibl. de la Pléiade ». 4 vol. :

ŒI I. *L'Enfant chargé de chaînes. Le Baiser au lépreux. Génitrix. Le Mal. Le Désert de l'amour...* 1978. 1536 p.

Œ2 II. *Thérèse Desqueyroux. Le Nœud de vipères. Le Mystère Frontenac. Le Romancier et ses personnages...* 1979. 1392 p.

Œ3 III. *Thérèse chez le docteur. Le Drôle. La Fin de la nuit. Asmodée. La Pharisienne. Essais...* 1981. 1456 p.

Œ4 IV. *Les Mal-aimés. Passage du Malin. Le Sagouin. Galigaï. Un Adolescent d'autrefois. L'Agneau. Maltaverne...* 1985. 1568 p.

Œ5 *Œuvres autobiographiques*. Édition François DURAND. Paris, Gallimard, « Bibl. de la Pléiade », 1990. 1392 p.

USUELS

CFM1... *Cahiers François Mauriac*. Cahiers des Associations d'Amis de François Mauriac (Paris, Grasset).

CM, 1... *Cahiers de Malagar*. Cahiers du Centre François Mauriac de Malagar et de la Société Internationale des Études Mauriaciennes.

TR1... Travaux du Centre d'études et de recherches sur François Mauriac (Publication de l'Université Michel de Montaigne–Bordeaux III).

Toute citation formellement textuelle (avec sa référence) se présente soit hors texte, en caractère romain compact, soit dans le corps du texte en italique entre guillemets, les soulignés du texte d'origine étant rendus par l'alternance romain / italique ; mais seuls les mots en petites capitales y sont soulignés par l'auteur de l'étude.

À l'intérieur d'un même paragraphe, les séries continues de références à une même source sont allégées du sigle commun initial et réduites à la seule numérotation ; par ailleurs les références consécutives identiques ne sont pas répétées à l'intérieur de ce paragraphe.

Le signe * devant une séquence atteste l'écart typographique (italiques isolées du contexte non cité, petites capitales propres au texte cité, interférences possibles avec des sigles de l'étude) ou la restitution *[entre crochets] d'un texte (non édité sous cette forme) existant soit à l'état typographique (redistribution de calligrammes, rébus, montage, découpage, dialogues de films, émissions radiophoniques...), soit à l'état manuscrit (forme en attente, alternative, option non résolue, avec ou sans description génétique).

INTRODUCTION

CE que nous appelons le « mythe du poète » chez Mauriac fut brièvement évoqué pour la première fois il y a un quart de siècle par Pierre Romnée[1]. Le but de la présente étude est d'examiner ce concept en plus de profondeur par le biais d'une lecture du *Mystère Frontenac*, le roman mauriacien où ce mythe est le plus clairement élaboré[2]. Mais, avant de procéder à une analyse de ce mythe, il faudra préciser ce que nous entendons par ce terme qui, comme le fait remarquer avec justesse Pierre Brunel, « *est un signifiant des plus flottants* »[3]. Parmi les nombreuses définitions du terme qu'on a pu proposer[4], nous retiendrons en particulier la suivante (dérivée de l'emploi du mot *muthos* dans la *Poétique* d'Aristote) : « [...] une construction particulière de l'imagination (récit dans le sens le plus large du terme). »[5]. C'est une définition qui s'approche de celle de Thibaudet : « *Le mythe, [...], c'est une idée portée par un récit, une idée qui est une âme, un récit qui est un corps, et l'un de l'autre inséparables.* »[6]. Pour compléter ces définitions, il faudra aussi tenir compte de ce que Charles Mauron appelle « *l'idée de mythe personnel, qui veut exprimer la constance et la cohérence structurée d'un certain groupe de processus inconscients* »[7]. Telles sont les significations qui sous-tendront l'emploi du mot *mythe* dans notre étude.

Dans *Le Mystère Frontenac*, le mythe du poète est fondé sur l'expérience personnelle de l'auteur ; il s'agit d'un mythe essentiellement autobiographique — d'une « *mythistoire du moi* »[8] — qui conféra une forme et un sens à sa vie à une époque où cette vie fut menacée par la maladie. Mais le mythe arrive à transcender cette dimension autobiographique. François Durand a suggéré qu'en écrivant les *Nouveaux mémoires intérieurs* vers la fin de sa vie, Mauriac « *a été de plus en plus porté à lui donner une forme, un style, un caractère exemplaires et symboliques* »[9]. On pourrait en dire de même de son premier texte testamentaire, *Le Mystère Frontenac*. En fait, beaucoup des sujets dont il sera question dans cette étude — l'influence des parents, la naissance poétique, la relation entre l'enfance et la poésie, les concepts de vocation et d'échec, les *topoi* d'exil et de retour — sont considérés comme des éléments fondamentaux de l'expérience poétique par Robin Skelton, un poète et critique littéraire britannique[10].

Dans les *Mémoires intérieurs*, Mauriac explique que, grâce à son goût pour la lecture, son adolescence « *était comme orchestrée par les poètes* » (*ŒS*, 399). Rien d'étonnant, donc, si le destin de son alter ego, Yves Frontenac, révèle l'influence des poètes préférés de son créateur : Maurice de Guérin, Baudelaire et Rimbaud. Étant donné la tendance mauriacienne à confondre l'homme et l'œuvre, on ne s'étonnera pas si, la plupart du temps, cette influence se fait jour sur le plan biographique. L'esquisse offerte par Claudel de la vie de Rimbaud, par exemple — interprétation tendancieuse, certes, mais citée d'un ton approbateur par Mauriac (*ŒC*, VIII, 457) — pourrait, à quelques détails près, servir de résumé du parcours du héros mauriacien :

Arthur Rimbaud fut un mystique *à l'état sauvage*, une source perdue qui ressort d'un sol saturé. Sa vie, *un malentendu*, la tentative en vain par la fuite d'échapper à cette voix qui le sollicite et le relance, et qu'il ne veut pas reconnaître : jusqu'à ce qu'enfin, réduit, la jambe tranchée, sur ce lit d'hôpital à Marseille, il sache !   (p. 514[11])

À côté de cette influence biographique, la présence textuelle des poètes du XIXe siècle joue un rôle important dans *Le Mystère Frontenac*. Comme nous le verrons par la suite, les citations de Guérin et de Rimbaud, mises en épigraphe au début des deux parties du roman, correspondent à deux phases bien distinctes du mythe du poète chez Mauriac. Parmi les citations qui figurent dans le texte du roman lui-même, une des plus significatives — « *Je sais que Vous gardez une place au poète / Dans les rangs bienheureux des saintes légions* » (*Œ2*, 610) — est tirée de « *Bénédiction* », le poème baudelairien qui avait peut-être déjà fourni le titre du *Nœud de vipères*. Dans ce poème, Baudelaire met en scène un de ses propres mythes du poète, et des allusions à la thématique du poème (l'antagonisme entre la mère et l'enfant, la relation harmonieuse entre l'enfant et la nature sur fond de souffrances à venir, l'hostilité de la société à l'égard du poète, ses déceptions amoureuses et son salut final) se trouvent tout au long du *Mystère Frontenac*.

Un aspect important du mythe (autobiographique) du poète chez Mauriac est donc la façon dont il interprète sa propre carrière littéraire à la lumière de la vie et de l'œuvre de certains de ses prédécesseurs. Et pourtant il nous semble que la structure fondamentale du mythe mauriacien provient non pas de la biographie d'un poète spécifique, mais de certains moments décisifs du macro-récit de la Bible : genèse, chute, élection, exode, exil, apocalypse, rédemption et réunion céleste[12]. Mauriac illustre donc la tendance (partagée par bon nombre d'écrivains occidentaux depuis Augustin[13]) à individualiser et à intérioriser les événements de l'histoire biblique. Mais là où la plupart des écrivains modernes ont eu tendance à séculariser des concepts et des images hérités d'un passé chrétien, Mauriac, comme d'autres écrivains du renouveau catholique, réintègre une dimension religieuse dans des *topoi* littéraires devenus familiers. Helena Shillony fait observer avec justesse que *Le Mystère Frontenac* constitue « *l'histoire d'une vocation artistique* » — un exemple du *Künstlerroman*, qui, à son tour, appartient au genre plus large du *Bildungsroman*[14]. Mais il est essentiel de noter que la « vocation » que reçoit Yves est un appel (divin ?) à marier son art et sa foi. Sa *Bildung* est avant tout une éducation spirituelle dont la structure découle des éléments du récit biblique mentionnés ci-dessus. Dans cette étude nous tracerons les étapes de cette odyssée.

Le Mystère Frontenac est loin d'être le seul texte où Mauriac réfléchit au rôle et à l'évolution du poète. Des romans comme *L'Enfant chargé de chaînes*, *La Robe prétexte*, *Préséances*, *Ce qui était perdu* et *Les Chemins de la mer* contribuent tous à l'élaboration du mythe du poète. À ceux-ci il faut ajouter les romans ou récits où Mauriac se penche sur le romancier (*Un Homme de lettres*, *Un Adolescent d'autrefois* et *Maltaverne*), puisque l'auteur affirme avoir toujours confondu le poète et le romancier (*Œ5, 523*). N'oublions pas non plus les nombreux essais et articles où il étudie des questions littéraires, ses biographies littéraires, ses œuvres autobiographiques et sa propre poésie. Pour ce qui est de cette dernière, il est intéressant de noter que son premier recueil, *Les Mains jointes* (1909), esquisse déjà ce que Marc Quaghebeur appelle « *le parcours du poète* » en quatre « *moments prémonitoires* » : d'abord il y a « *une enfance religieuse et blottie* », suivie du départ de l'étudiant qui « *scellera un déchirement jamais accepté* » ; vient ensuite l'échec des liaisons amoureuses, puis, finalement, la réorientation vers Dieu, une compensation qui recrée « *cette éternité connue jadis avec la mère* »[15]. La structure rudimentaire du mythe du poète chez Mauriac est donc déjà en place au début de sa carrière. Nous nous servirons donc de ces autres textes pour mieux éclairer certains aspects du mythe, mais *Le Mystère Frontenac* restera tout de même notre point de référence principal car c'est ici que le mythe trouve sa forme narrative la plus complète.

Claude Dirick fait remarquer que ce texte a attiré relativement peu d'attention critique par rapport à d'autres romans mauriaciens (pp.34-6[16]). Mais, demande C. Dirick, « *le roman, après tout, est-il si différent des autres, si marginal* » (p.38[16]) ? John E. Flower avait déjà posé la première partie de cette question dans une étude qui date de la fin des années Soixante. Il montre que la plupart des critiques avaient toujours considéré le roman comme une exception (pp.81-2[17]). L'atmosphère du *Mystère Frontenac* est certes moins sombre que celle que l'on trouve dans d'autres textes mauriaciens, comme le rappelle Mauriac lui-même (*ŒI, 990*). Plus tard il dira même que ce livre rendait pour lui « *un son unique* »[18]. Ailleurs, pourtant, il prétend que le roman « *imprègne [s]on œuvre entière* » (*SR*, 296). J. E. Flower, pour sa part, suggère que, dans sa représentation d'une famille en déclin, le roman n'est pas si différent après tout (p.90[17]). Au moins un critique des années Trente était déjà arrivé à une pareille conclusion :

Il suffit de lire quelques pages de M. Mauriac pour se trouver soudain pris par cette atmosphère anxieuse, charnelle et spirituelle à la fois, que nul mieux que lui ne sait établir. [...] C'est que précisément cette atmosphère, par la volonté, par l'obstination de l'auteur, reste toujours la même, et les mêmes : les personnages, leurs rapports, leurs débats, leurs destins.[19]

Plus récemment, Michel Suffran a suggéré que le roman montre « *quelques-uns des schémas romanesques classiques de l'univers mauriacien* »[20]. Donc, bien que les raisons de la composition du roman (que nous examinerons dans notre premier chapitre) en fassent, à certains égards, « *une œuvre de circonstance* »[21], il ne devrait pas être considéré comme isolé du reste de l'œuvre.

En ce qui concerne la deuxième partie de l'interrogation de C. Dirick (« *Le Mystère Frontenac* est-il si marginal ? »), nous croyons que, loin de se tenir en marge de son œuvre, le roman de 1932 y occupe une place centrale. Écrit quelques années seulement après la résolution de sa « crise » religieuse, juste après le tournant à la fois spirituel et artistique de 1930, préfigurant certains aspects de son dernier roman et, en même temps, rappelant certains éléments de ses premières productions romanesques et poétiques, *Le Mystère Frontenac* peut effectivement être considéré comme une sorte de carrefour. Comme le fait observer à juste titre M. Suffran, ce livre « *révèle à Mauriac son dessein d'écrivain* » et « *oriente définitivement son œuvre* »[22]. Selon Lawrence Lipking, chaque poète majeur de la tradition occidentale depuis Homère a laissé une œuvre où il rapporte les principes de sa propre évolution poétique[23]. Pour Mauriac, cette œuvre est *Le Mystère Frontenac* : menacé par la mort, il fait le point sur son évolution personnelle et littéraire depuis l'enfance. Son regard est donc d'abord tourné vers le passé. Mais puisque Mauriac souligne quelques-unes de ses limitations en tant qu'écrivain, le roman est également ouvert sur l'avenir. *Le Mystère Frontenac* peut certes être qualifié de texte testamentaire, mais, comme nous le verrons par la suite, Mauriac n'abandonnait jamais l'espoir de guérir. En relatant l'échec poétique d'Yves Frontenac, Mauriac s'interroge sur la possibilité de son propre renouvellement littéraire.

I

UN TEXTE TESTAMENTAIRE

COMME le raconte Mauriac dans ses *Nouveaux mémoires intérieurs*, la vie semblait lui sourire au début des années
Trente :

Je montais au zénith de la littérature, plus pavoisé qu'une montgolfière.
Tout allait au mieux pour moi sur les deux tableaux de l'éternité et du
temps. Je venais de publier *Le Nœud de vipères* qui avait été aux nues.
La Coupole commençait d'émerger de la brume sous mes regards pru-
dents. Lorsqu'un jour de 1932... (*Œ5*, 752)

Derrière ces trois points se dessine le souvenir pénible des
circonstances à l'origine de la rédaction du *Mystère Frontenac*.
Rappelons brièvement les faits. Souffrant d'un enrouement,
Mauriac alla consulter un laryngologiste le 2 mars 1932. Deux
jours après, il subit une intervention chirurgicale pour traiter un
cancer des cordes vocales[24]. Comme il l'expliqua à Maurice
Romain en 1937, c'était l'amour dont sa famille lui avait fait
preuve pendant une convalescence difficile qui lui a inspiré *Le
Mystère Frontenac* :

J'ai écrit ce livre, relevant d'une maladie très grave, pendant laquelle
j'avais été entouré par tous les miens des soins les plus dévoués, les plus
attentifs. J'avais pensé bien souvent alors que si je mourais, mon dernier
livre serait *le Nœud de vipères*, où j'ai montré la famille sous un jour si
sombre, et qui est peut-être mon livre le plus amer. Et j'avais fait vœu,
si je recouvrais la santé, d'en écrire un qui serait *le Nid de colombes*, qui
effacerait l'impression pénible laissée par le précédent. C'est ainsi qu'est
né *le Mystère Frontenac*. (*PR*, 112)

11

Le roman aurait très bien pu être son dernier livre, son testament littéraire : on ne s'étonnera donc pas s'il orchestre les thèmes essentiels de l'univers mauriacien.

Mais, si la fonction rétrospective du roman est dominante, il existe aussi une importante fonction prospective. Si Mauriac craignait la mort après son opération, il espérait en même temps guérir. Bien que les lettres du 28 avril 1932 à son frère Raymond et à Paul Claudel suggèrent que le progrès de Mauriac fut plutôt lent (*LV1*, 188-9), celle du 1er mai à Louis Brun fait état d'une amélioration encourageante (*LV2*, 147). En août de cette même année, la santé du malade permit à son chirurgien, le professeur Hautant, de lui assurer : « *Cette fois, je vous tiens !* » (*ŒS*, 753). Mais le commentaire de Mauriac — « *Je le crus et je ne le crus pas.* » — révèle sa propre incertitude quant à ses chances de s'en tirer. L'ambiguïté de cette « *convalescence douteuse, menacée* » (754) à laquelle Mauriac ne croyait qu'à demi, est reflétée dans le roman qui l'accompagna[25] : livre obsédé par le passé, mais qui s'ouvre aussi sur l'avenir, texte à la fois testamentaire et charnière. Essayons maintenant de cerner de plus près cette fonction testamentaire.

pénitence

D'après les confidences faites à Maurice Romain, Mauriac aurait écrit son roman dans un esprit de pénitence. Il ne voulait pas que Le Nœud de vipères fût son dernier livre, car l'image de la famille y était trop noire. Il n'en serait pas ainsi du prochain. Comme il l'explique en 1951 : « *J'ai conçu* Le Mystère Frontenac *comme un* HYMNE À LA FAMILLE [...]. *Je faisais amende honorable à la race.* » (*ŒS*, 828). Étant donné les circonstances biographiques à l'origine de la composition du roman, ce désir de donner une image plus positive de la famille est tout à fait compréhensible. Le danger, c'était qu'une telle émotion aurait pu ouvrir les vannes à une sentimentalité excessive, nuisible à la qualité du roman. Mais, dans l'ensemble, bien que Mauriac cède parfois à un penchant nostalgique, nous partageons l'avis de

Roger Pons : « *Le roman de 1933 n'est ni fade ni idyllique.* »[26].
Il est vrai que Mauriac célèbre les liens étroits qui unissent les
Frontenac, mais il n'ignore pas pour autant que ces liens peuvent
se transformer en chaînes. *Le Mystère Frontenac* est peut-être
plus lumineux que d'autres romans mauriaciens, mais son auteur
ne nous cache pas les aspects sombres qui, eux aussi, font partie
de ce mystère : « [...] *l'hypocrisie, le conformisme, le mépris de
l'individu et de ses exigences.* »[27].

Cette ambivalence foncière du roman à l'égard de la famille
(que nous étudierons plus en détail par la suite) fut remarquée
très tôt dans un compte rendu perspicace signé Henry Bidou :

Il y a dans *Le Mystère Frontenac* une intention. L'auteur a voulu rendre
manifeste ce lien, mystérieux en effet, qui unit la famille. Et comme,
auprès de ce qu'il a voulu faire, nous trouverons nécessairement dans le
livre ce qu'il n'a pas voulu, et qui est l'œuvre spontanée de son génie
naturel, il faut nous attendre à un ouvrage qui, même sous des apparences
toutes simples, sera très compliqué. [...] De ce livre dont le fond est horrible, de toutes ces vies sacrifiées, de ce Moloch familial qui dévore les
âmes et les destins, M. Mauriac a voulu faire un hymne. [...] Comment
se reconnaître dans CES CONTRADICTIONS QUE M. MAURIAC SENT PARFAI-
TEMENT ? Il nous le dit à la fin. La famille idéale n'est pas de la terre.
Elle sera reconstituée au Paradis, par l'union éternelle de ceux qui se sont
aimés.[28]

Mauriac sent-il vraiment les « contradictions » de son roman ?
Sans aucun doute. Qu'on pense, par exemple, à la conversation
entre Dussol et Caussade lors des funérailles de Blanche, quand
les deux hommes louent la femme d'affaires impitoyable que fut
la mère des enfants Frontenac. Yves n'en revient pas : « [...] *il
ne pouvait conjurer cette caricature, que Dussol lui imposait,
de sa mère telle qu'elle apparaissait, aux autres, dépouillée
du mystère Frontenac.* » (Œ2, 641). Pierre Brunel nous exhorte à
oublier cette caricature[29]. Mais c'est exactement ce que nous ne
devons pas faire, car elle nous montre que le « mystère Frontenac » est avant tout le résultat d'un éclairage particulier. Mauriac souhaite que le lecteur adopte l'optique qui lui permettra de
partager ce mystère, mais il ne lui dérobe pas d'autres perspec-

tives. En effet, dans une conférence du 7 février 1934 intitulée
« La Mère, le génie de la famille », Mauriac fait référence non
seulement à la « *grandeur* » (*PPR*, 45) de Blanche Frontenac, mais
aussi à ses « *limites* ».

D'où le ton de résignation que nous trou-
vons dans une lettre à son frère Raymond : « *Bidou, dans les
Débats, s'est fait un malin plaisir de prouver (sans peine) que
Le Mystère Frontenac est un livre aussi atroce que Le Nœud de
vipères. Chaque être, chaque famille, peuvent être pris par des
versants opposés.* » (*LVI*, 197-8).

On peut donc dire que l'esprit de pénitence qui incita Mauriac
à écrire son roman est en partie miné par le texte lui-même. Ce
qui fait que *Le Mystère Frontenac* est un roman plus compliqué
et plus intéressant que la plupart des critiques ne l'ont cru, que
ce soit des critiques favorables tels que Georges Hourdin (pour
qui le roman est une « *fresque vraie et pure* »[30]) et Alain Palante
(qui y voit « *un oasis merveilleux dans une œuvre brûlante* »[31]),
ou des critiques défavorables tels que Donat O'Donnell (pour qui
le roman n'est rien qu'une ode nostalgique à la famille bour-
geoise (p.11[32])) et Cecil Jenkins (qui y voit une œuvre trop senti-
mentale marquant le commencement du déclin romanesque de
Mauriac[33]). De tels jugements ne tiennent pas suffisamment
compte de l'ambivalence qui caractérise le point de vue narratif.
Comme nous le verrons par la suite, l'*hymne à la famille* que
Mauriac projetait d'écrire est loin d'être un dithyrambe[34]. En
explorant son enfance à travers l'acte d'écrire, Mauriac semble
redécouvrir les contraintes qui avaient été étouffées dans un premier élan pénitent. Mais, en même temps, ces souvenirs moins
heureux sont toujours susceptibles d'être rachetés par l'émotion
du présent narratif. Aucune lecture du roman ne doit oublier cette
tension essentielle.

La Préface des *Œuvres complètes* indique que l'esprit de pénitence ne fournissait pas le seul mobile de la composition du
roman :

> Mais aussi, à ce tournant de ma vie qui risquait d'être le dernier tournant,
> je remontais à mes sources. J'y baignais mes blessures. [...] Dans *Le
> Mystère Frontenac*, j'ai recréé mon univers d'avant la mort : l'enfance qui
> se croit éternelle. (repris in *Œ5*, 828)

Face à la possibilité de la mort, Mauriac cherche refuge dans le
passé.

Il avait déjà exprimé ce désir dans une lettre écrite pendant
la Première Guerre mondiale, quand il servait comme ambulan-
cier à Rampont. L'horreur de la guerre évoque en lui « *le goût
d'une retraite humble mais aimée où je m'en viendrai finir.* [...]
C'est le verger des Mains jointes, *c'est un passé bon et pur* »
(*MAM*, 60-1). En 1916, la bonté et la pureté de l'enfance attiraient
Mauriac parce qu'elles offraient un asile loin du carnage de
Verdun ; en 1932, l'enfance signifie le salut non seulement tem-
porel, mais spirituel aussi. Le lavage de blessures dont parle
Mauriac dans la Préface fait allusion au rite du baptême, lié,
selon la doctrine chrétienne, au pardon des péchés. En se bai-
gnant dans les sources de l'enfance, Mauriac espère réintégrer
son « *univers d'avant la mort* », formule qui rappelle l'innocence
primitive d'Éden.

Pour Mauriac l'enfance est essentiellement sainte. C'est pendant les premières années de la vie que l'humanité se rapproche
le plus de ce que, suivant Claudel, il appelle l'« *éternelle enfance
de Dieu* » (*Œ5*, 374). Sa nostalgie pour l'enfance n'est donc pas
dictée par la seule sentimentalité, elle repose sur une croyance
métaphysique : « *Elle est la flèche qui indique la véritable direction, non vers une merveille détruite, qui ne relèverait plus que
du souvenir, mais vers l'enfance qui est esprit et vie et à laquelle
il nous est donné, si nous sommes du Christ, d'avoir part ici
et maintenant.* » (714). En se tournant vers ce monde béni à un

moment où il craignait pour sa vie, Mauriac espère absorber assez de cet « *esprit et vie* » pour lui permettre d'envisager avec plus de sérénité la possibilité de la mort. Le désir de chercher refuge dans l'enfance fait partie d'une stratégie supérieure qui vise le salut éternel. Pourtant, même ici, l'ambivalence que nous avons soulignée plus haut continue à jouer. Nos analyses ultérieures montreront que le retour au paradis enfantin est à la fois rassurant et restrictif.

autobiographie

Selon nous, ce troisième aspect du texte testamentaire est le plus important, car il nous met devant le concept du mythe du poète. Mais, avant d'aborder ce dernier, il conviendra de préciser la valeur autobiographique du *Mystère Frontenac*.

Ce n'est évidemment pas une autobiographie *stricto sensu* — Mauriac affirme qu'il s'agit d'un *roman* — mais c'est un roman qui ne cesse de frôler une dimension autobiographique :

Oui, *Le Mystère Frontenac* constitue un chapitre de mes souvenirs : tout y est vrai ; mais c'est un roman et tout s'y trouve sinon inventé, du moins transposé. Les thèmes empruntés à ma vraie vie y bénéficient d'une orchestration qui a détourné ceux qui en furent les acteurs et les témoins de la reconnaître. (*Œ5*, 827)

Yves Frontenac lui-même fournit un bon exemple de cette déformation volontaire du vécu : « [...] *il est un moi-même plus sombre, plus désespéré, comme j'aurais été si je n'avais pas fondé un foyer heureux, si je n'avais été soutenu à la surface par les lièges de la réussite temporelle.* » (828). Si l'on voulait évaluer le coefficient autobiographique exact du roman, il faudrait procéder à une comparaison fastidieuse des événements du roman avec ceux de la vie de son auteur[35]. Tel n'est pas notre propos. Nous croyons qu'il est plus utile de considérer la dimension autobiographique du texte au niveau d'une fonction globale, plutôt qu'à celui du détail narratif.

Comme le fait remarquer Georges May, une des fonctions les

plus importantes de l'autobiographie est la tentative de « *ressaisir l'itinéraire de sa vie* », afin de comprendre cette vie et, en même temps, d'être rassuré que, contrairement aux apparences, « *la précieuse identité du moi demeure intacte* » (p.56[36]). Ce besoin de trouver, puis d'affirmer l'identité du moi est quelque chose de fondamental chez Mauriac. Dans sa perspective catholique, « retrouver le cours de sa vie » veut dire dépister les cheminements de la providence, et « établir l'identité du moi » veut dire être conscient de son âme éternelle[37]. L'écriture est un élément essentiel de ce processus : « [...] *chaque ouvrage que nous achevons éclaire un peu plus notre cœur : c'est un examen de conscience, un moyen de nous mieux connaître et de nous mieux posséder.* » (*MAM*, 165). C'est une des raisons pour lesquelles l'œuvre mauriacienne s'inscrit si souvent dans les marges de l'autobiographie.

Jean Lebrec a montré que les écrits autobiographiques de Mauriac ont souvent coïncidé avec des périodes de crise personnelle[38]. Ce lien est particulièrement fort dans *Le Mystère Frontenac*, écrit sous la menace de la mort. Face à cette menace, Mauriac s'est servi de son texte testamentaire pour passer en revue sa propre évolution comme écrivain depuis l'enfance jusqu'au présent narratif — projet essentiellement autobiographique. Le roman commence dans la chambre de la mère, la matrice même de l'imagination mauriacienne. Ensuite, suivant la trajectoire de Mauriac lui-même, le roman trace les fortunes poétiques d'Yves à Bordeaux puis à Paris. Finalement, on assiste à la tentative de suicide manquée du héros et à sa vision d'une réunion familiale céleste — épisodes qui nous rappellent que Mauriac lui-même venait de frôler la mort et voulait, en conséquence, composer *un hymne à la famille*. En transposant les événements de sa vie et en les dotant d'une structure narrative, Mauriac attribue une direction et un sens à cette vie. Le roman illustre sa conviction « *que la vie a une direction, qu'elle a un but, une source d'où elle vient, où elle retournera, et qui est l'éternel amour* »[39]. C'est en effet le thème central du dernier paragraphe du roman : « *Le mystère Frontenac échappait à la destruction, car il était un rayon de l'éternel amour réfracté à travers une*

17

race.» (Œ2, 673). Le roman remplit donc la fonction quasi religieuse qui, selon Georges Gusdorf, caractérise tout projet autobiographique, «*la dernière chance de regagner ce qui était perdu*» — la tâche de l'autobiographie étant donc «*d'abord une tâche de salut personnel*»[40]. Chez Mauriac, cette notion de «salut personnel» retrouve son sens religieux : il écrit son texte testamentaire autobiographique non seulement pour sauver le passé, mais, plus précisément, pour se réfugier dans la foi qui dominait ce passé.

Le Mystère Frontenac répond donc à plusieurs fonctions autobiographiques sans pour autant être une autobiographie. Comme le fait remarquer Mauriac lui-même : «*L'histoire exacte d'Yves Frontenac enfant,* Commencements d'une vie *la rapporte.*» (Œ5, 828). Bien que cette notion de la «vérité» autobiographique de *Commencements d'une vie* soit discutable, le contraste entre l'autobiographie «officielle» et le roman autobiographique est important. D'autant plus que Mauriac travaillait simultanément sur les deux textes. *Commencements d'une vie,* publié par Grasset en juin 1932, réunit deux textes anciens : *Bordeaux* (1925-1926) et *Mes plus lointains souvenirs* (1929). François Durand suggère que Mauriac eut recours à ces livres anciens pour des raisons financières pendant la période difficile suivant son opération (850). Cela est fort possible[41], mais on ne doit pas oublier non plus les besoins psychologiques et affectifs auxquels peut répondre l'autobiographie. La rédaction de *Commencements d'une vie,* comme celle du *Mystère Frontenac,* aurait permis à Mauriac de revivre son passé. Pourtant, en relisant les deux volets de son autobiographie, il aurait également découvert deux perspectives divergentes devant ce passé. *Bordeaux* et *Mes plus lointains souvenirs* sont séparés par la fameuse «crise» vécue par Mauriac dans la seconde moitié des années Vingt et cet événement capital déteint sur le point de vue narratif adopté dans chaque texte — plus indulgent en général dans le second que dans le premier, selon François Durand (851-3). On retrouve un pareil mélange de critique et de célébration à l'égard du passé dans *Le Mystère Frontenac.*

Bien que Mauriac ait modifié un peu les deux textes anciens en rédigeant *Commencements d'une vie*, ces modifications ne sont pas, dans l'ensemble, particulièrement importantes (voir *Œ5, 850*). Il aurait pu profiter de l'occasion pour continuer son autobiographie au-delà de l'adolescence, mais c'est une option qu'il refuse :

> Du seul domaine enchanté de l'enfance nous pouvons laisser le vieux portail ouvert : « Il ne me confie plus rien... » disent les mères de leur grand fils. Il ne confiera plus rien à personne. Même écrivain, il aura recours à la fiction et les personnages inventés naîtront de ses plus secrètes blessures...
>
> (*Œ5, 828*)

Ces paroles s'appliquent à son œuvre romanesque en général, mais elles conviennent particulièrement au *Mystère Frontenac* où, à travers son double fictif, Mauriac revoit sa propre vie de l'enfance jusqu'au présent. En se servant des techniques littéraires de transposition et d'orchestration, il peut contourner le tabou auto-imposé sur l'exploration autobiographique de la vie adulte.

Les limites de la présente étude empêchent une analyse du mélange de peur et de fascination qui caractérise l'attitude mauriacienne face à l'autobiographie[42]. Tout ce que l'on peut constater, c'est que le roman autobiographique lui permet d'éviter trois inconvénients qu'il associe (à tort ou à raison) à l'autobiographie *stricto sensu* : le besoin de se confesser, la nécessité de prendre en compte une perspective freudienne, et l'obligation d'être véridique. Pour Mauriac, « Le Mystère Frontenac *relève de ce genre que Georges Duhamel désigne du nom de "mémoires imaginaires"* » (*Œ5, 827*). Duhamel, lui, associe ce concept à celui de « *la vérité légendaire* » qui lui semble beaucoup plus crédible que celui de « *la vérité historique* »[43]. C'est une distinction qui rappelle celle de Philippe Lejeune entre deux désirs caractéristiques de l'autobiographie : « [...] *le désir "historicisant" (exactitude et sincérité) et le désir "structurant" (recherche de l'unité et du sens, élaboration du mythe personnel).* »[44]. Dans une autobiographie, ces deux désirs sont également importants, mais le second prime sur le premier dans les « mémoires imaginaires » de Mauriac. C'est précisément cette « élaboration du mythe personnel » dont parle Lejeune que vise Mauriac dans *Le Mystère Frontenac*. Sous la forme du cycle de vie du poète, ce mythe exploite à la fois « la vérité historique » et « la vérité légendaire », permettant ainsi à Mauriac de conférer un sens à sa vie à un moment où cette vie fut menacée.

Entamons maintenant l'analyse des différentes étapes de ce mythe.

II

PARADIS

la chambre de la mère

COMME nous l'avons déjà suggéré, l'«*univers d'avant la mort*» (*Œ5*, 828) que Mauriac voulait recréer dans *Le Mystère Frontenac* est une sorte de paradis, rappelant l'enfance de l'humanité telle que la présentent les premiers chapitres de la Genèse. Dans le roman de 1932, ce paradis se confond avec l'espace privilégié de la chambre de la mère. Celle-ci est décrite maintes fois dans l'œuvre mauriacienne. Il n'est donc pas étonnant que l'on pénètre dans le plus personnel de ses romans à travers cette même chambre : c'est la matrice même de l'imaginaire mauriacien. Que l'on pense, par exemple, à la description de la chambre de sa grand-mère faite par Jacques, le narrateur semi-autobiographique de *La Robe prétexte* : «[...] *cet étroit paradis, où des femmes pieuses et âgées, dépourvues de tout lyrisme, m'avaient à leur insu enseigné la poésie* [...].» (*Œl*, 168). Jacques se souvient en particulier des «*formules de la prière du soir*» (86) qui l'enveloppaient «*comme une musique incompréhensible*». Mauriac revient à cette prière maternelle dans *Commencements d'une vie* pour suggérer qu'elle était peut-être à l'origine de son goût pour «*l'émotion exprimée, rendue sensible par un artifice*» (*Œ5*, 70), c'est-à-dire de sa sensibilité littéraire. On retrouve la même suggestion plus de trente ans plus tard quand Mauriac évoque la prière maternelle dans son *Bloc-notes* : «[...] *les premiers mots, incantatoires, entendus si*

21

souvent dans la demi-ténèbre de la chambre maternelle, auront donné le ton peut-être à tout ce que j'ai écrit [...].» (BN3, 117)[45]. Paul Croc a donc raison d'affirmer que, chez Mauriac, «*la mère a donné accès à la jouissance du texte*»[46]. Ce rôle est, bien sûr, involontaire de la part de la mère : elle veut que sa prière constitue une expérience religieuse, non pas esthétique. Mais ce qui est intéressant dans *Le Mystère Frontenac*, c'est que même ce lien involontaire entre la mère et l'art est supprimé : dans le premier chapitre du roman, *on ne récite pas la prière en commun* à cause de la présence de l'oncle Xavier (Œ2, 549). Le texte commence déjà à établir une opposition subtile entre la mère et les valeurs esthétiques.

Selon J.-M. Bataille, la chambre de la mère constitue «*un lieu mythique*» dont les meubles et les objets «*font signe*» (p.132[47]). Au début du *Mystère Frontenac*, l'attention du lecteur est attirée sur deux signes en particulier : le lit conjugal et la lampe. Celui-là est le premier objet dans la chambre à retenir le regard de l'oncle Xavier, venu en visite chez sa belle-sœur : «*Ses yeux fixèrent le grand lit à colonnes torses où, huit ans plus tôt, son frère aîné, Michel Frontenac, avait souffert cette interminable agonie.*» (Œ2, 547). Ce lit signifie donc l'absence du père — Yves, comme Mauriac lui-même, étant orphelin de père depuis l'âge de 18 mois. Le père réel, Jean-Paul Mauriac, est souvent associé à la poésie par son fils qui ne le connut pas. Prenons, par exemple, cet extrait des *Maisons fugitives* : «*Il aimait les lettres. [...] Je sais que mon père faisait de mauvais vers. Il achetait de belles éditions de Montaigne et de La Bruyère.*» (Œ3, 895). Cette même association se trouve dans *Le Mystère Frontenac* : pour Xavier, la voix de son frère mort est indissociable de la poésie de Hugo (Œ2, 562, 570), et, à deux reprises, le texte établit un lien entre le père et la poésie baudelairienne (610, 642). Malgré son absence physique, on dirait que l'esprit du père continue à hanter le roman, appelant son fils à se consacrer à sa vocation poétique (bien que celui-ci ne soit jamais conscient de la sourde voix paternelle). La fonction du père fictif est donc équivalente à celle que Mauriac assigne au père réel : «*Cet absent bien-aimé dut faire contrepoids, au-dedans de moi, à tout ce qui m'était inculqué par ma mère et par mes maîtres.»* (MP, 9)[48].

Considérons maintenant le second objet important dans la chambre de la mère : la lampe. Dans *Commencements d'une vie*, cette même lampe est vue comme le centre de la chambre maternelle (Œ5, 70). C'est le seul objet dans la chambre de Blanche Frontenac qui ne provienne pas de la maison où elle avait vécu avec son mari (Œ2, 548). Elle est donc étroitement associée à son veuvage, et puisque Mauriac nous dit que sa propre mère était «*entrée dans le veuvage comme en religion*» (Œ5, 586), on ne s'étonnera pas si la lampe fonctionne comme un symbole semi-ecclésiastique de sa pureté et de sa sainteté (avec une allusion possible aux Vierges sages de la parabole), transformant sa chambre en une sorte de temple. Comme Mauriac le dit dans les *Nouveaux mémoires intérieurs* : «*La lampe dessinait au plafond l'auréole qui pour moi nimbe à jamais le front des saintes femmes endormies*» (657).

Ces associations religieuses sont contrebalancées par la fonction pratique de la lampe : «*Cette merveille attirait les enfants avides de lecture.*» (Œ2, 548). Elle permet aux fils aînés, Jean-Louis et José, de se plonger dans *Les Camisards* d'Alexandre de Lamothe : «*Couchés sur le tapis, les oreilles bouchées avec leurs pouces, ils s'enfonçaient, s'abîmaient dans l'histoire* [...].». Pour eux, la lampe facilite l'évasion hors de la chambre maternelle par l'intermédiaire de ce roman d'aventures.

Le jeune Mauriac lisait beaucoup, lui aussi[49]. C'est une activité qu'il associe particulièrement à «*la chambre de maman*» (Œ5, 760). Celle-ci fournit l'occasion à l'enfant de découvrir le monde extérieur (à travers les livres) sans avoir à quitter la sécurité de cet espace maternel. Se souvenant de sa onzième année dans *Commencements d'une vie* (c'est-à-dire le même âge qu'a Yves au début du *Mystère Frontenac*), Mauriac écrit : «*Enfant, les livres des autres m'étaient l'unique délivrance ; [...] tous les auteurs de* Saint-Nicolas *et du* Petit Français *illustré étaient chargés de me fournir d'images où je pusse retrouver mon angoisse confuse.*» (78). La lecture permettait donc au jeune

François de sortir un peu de lui-même : les personnages auxquels il s'identifiait facilitaient l'extériorisation de ses propres angoisses, ce qui l'aurait aidé dans la tâche essentielle de la découverte de soi. Il nous semble donc très important qu'Yves Frontenac *ne lit pas* dans le premier chapitre du roman :

> Le dernier né, Yves, auquel on n'eût jamais donné ses dix ans, NE LISAIT PAS, mais assis sur un tabouret, tout contre sa mère, il frottait sa figure aux genoux de Blanche, s'attachait à elle, comme si un instinct l'eût poussé à rentrer dans le corps d'où il était sorti.   (*Œ2*, 548)

Tandis que pour Jean-Louis et José la chambre de la mère fournit le théâtre de lectures qui facilitent l'épanouissement du moi, pour Yves elle ne représente que l'externalisation de la matrice à laquelle il veut retourner, un refuge contre un monde hostile. Mais tant qu'Yves ne lira pas, il n'accomplira jamais son destin de poète, car, pour Mauriac, les deux activités sont étroitement liées (*Œ5*, 674).

La possibilité d'une opposition entre la mère et la littérature devient de plus en plus claire au fil de la lecture. Blanche Frontenac partage l'hostilité des femmes qui élevèrent le jeune François à l'égard de la littérature moderne (*Œ5*, 737). Bien qu'elle ressente une certaine fierté lors de la publication des poèmes de son fils dans le *Mercure de France*, elle lui demande « *de ne pas laisser traîner cette revue "qui contenait des pages immondes d'un certain Remy de Gourmont"* » (*Œ2*, 593). C'est toujours une réaction morale qui dicte sa réponse lorsqu'elle apprend que Thibaudet a loué les qualités métaphysiques de la poésie d'Yves : « *Qu'est-ce que cela signifie, sa métaphysique, s'il ne fait pas ses Pâques...* » (616). On retrouve de pareilles réactions chez deux autres mères mauriaciennes : Léonie Costadot et Mme Gajac. La première ressent une « *rage sournoise* » (*Œ3*, 556) devant les vers de son fils ; pour elle, la poésie ne constitue pas une carrière acceptable pour Pierre (556, 560). Et, pour Alain Gajac, la présence maternelle est ce qui l'empêche de devenir écrivain ; c'est seulement quand elle ne sera plus là qu'il pourra regarder en face la tentation de l'écriture « *sans en mourir de honte* » (*Œ4*, 815). Bien que la mère s'oppose à la littérature dans ces trois romans, il est évident qu'elle reste au centre de l'imaginaire mauriacien. Ce n'est qu'après sa mort qu'Yves se rend compte qu'une « *part immense du mystère Frontenac* » (*Œ2*, 645) (phénomène essentiellement poétique) a disparu avec Blanche. En tant qu'auteur, Mauriac peut certes faire preuve d'autorité sur ses personnages maternels et ainsi contester tardivement le matriarcat qui domina sa propre enfance. Mais le fait que des rapports mère-fils problématiques soient au cœur de tant de ses romans (*Genitrix, Le Mal, Ce qui était perdu, Le Mystère Frontenac, Les Chemins de la mer, La Pharisienne, Le Sagouin, Un Adolescent d'autrefois*) indique à quel point il lui est difficile de s'affranchir de l'influence maternelle. Tout au long de sa vie, et particulièrement lors des moments de crise, il se retrouve devant la tentation de réintégrer la chambre de sa mère, de « *rebâtir ce premier nid* [...] *contre la vie telle qu'elle est et qui est elle-même l'ennemie* » (*Œ5*, 760). Cependant, comme le montre *Le Mystère Frontenac*, cette chambre n'est pas seulement un refuge contre la vie, mais un asile qui *empêche de vivre*. Tant qu'il restera dans la chambre de Blanche, ne lisant pas, Yves ne naîtra jamais comme poète. Ce n'est qu'en créant une certaine distance entre lui-même et sa mère que cette dernière pourra devenir le catalyseur de ses forces poétiques latentes.

rêve de magnificence

Cette distance commence à se développer à partir du chapitre 3 du roman. Le fait qu'« *il n'était plus besoin d'allumer le feu, ni même la lampe* » (*Œ2*, 559) dans la chambre maternelle indique que le récit entre dans une phase transitoire. Ces changements sont apparemment dus au passage des saisons, mais la phrase suivante appelle une interprétation plus symbolique : « *Seul demeurait sombre le corridor où, quelques minutes avant le dîner, Blanche se promenait en récitant son chapelet, et Yves la suivait, soutenant des deux doigts sa robe, tout livré à un rêve de magni-*

25

ficence dont il n'ouvrait à personne l'accès. » (559-60). Dans cette phrase, ajoutée tardivement au manuscrit, nous voyons les premières manifestations du don poétique chez Yves. Étant donné que les psychanalystes associent l'image du tunnel au traumatisme de la naissance[50], on ne s'étonnera pas que les premiers signes de la genèse poétique d'Yves se produisent dans ce corridor sombre qui relie l'espace utérin de la chambre maternelle au reste de la maison, et donc au monde extérieur.

Dans les *Nouveaux mémoires intérieurs*, Mauriac se souvient de sa propre mère marchant à pas lents le long du corridor au crépuscule, récitant son chapelet. Pour lui, cette image fait partie du monde enchanté de son enfance : « *L'enchantement tenait à un état de grâce propre à l'enfance, et qui me faisait respirer et me mouvoir dans un univers transfiguré, comme pouvaient l'être les croquenots et la chaise de cuisine peints par Van Gogh.* » (*Œ5*, 675-6). L'enchantement de l'enfance serait donc analogue à celui provoqué par l'art. On commence à comprendre pourquoi le « rêve de magnificence » constitue une expérience esthétique si importante chez Yves. L'association entre l'enfance et la transfiguration visionnaire figure déjà dans les *Mémoires intérieurs* : « *Les poètes de sept ans (c'est un titre de Rimbaud) détiennent un pouvoir de transfiguration qui fait bon marché des apparences. Le réel leur en fournit toujours assez pour susciter ce monde secret où ils se meuvent seuls.* » (373). Un exemple de ce pouvoir de transfiguration est fourni par le petit-fils qui joue près du mémorialiste, enveloppé dans un « *songe où il marche tout éveillé* ». Yves Frontenac, plongé dans son « *rêve de magnificence* », baigne dans la même atmosphère poétique.

Une fois sorti du nid maternel, Yves commence à se détacher physiquement de Blanche : dans le premier chapitre il est « *tout contre sa mère* » (*Œ2*, 548), et les substantifs *figure*, *genoux* et *corps* soulignent la proximité physique de la mère et de son enfant ; au chapitre 3, bien qu'Yves soutienne de deux doigts la robe de Blanche, il n'y a plus de contact direct entre mère et fils. Une distance essentielle s'est ouverte entre les deux : Yves ne désire plus « *rentrer dans le corps d'où il était sorti* », il préfère élaborer un rêve où il joue le rôle d'un page derrière la reine qui est sa mère. Leur relation physique est donc sublimée en une relation onirique.

Dans «La Création littéraire et le rêve éveillé», Freud postule une parenté entre le jeu enfantin, le rêve diurne et la création poétique (p.70⁵¹). Voici comment il envisage le processus de la création :

[...] un événement intense et actuel éveille chez le créateur le souvenir d'un événement plus ancien, le plus souvent d'un événement d'enfance ; de cet événement primitif dérive le désir qui trouve à se réaliser dans l'œuvre littéraire ; on peut reconnaître dans l'œuvre elle-même aussi bien des éléments de l'impression actuelle que de l'ancien souvenir. (p.79⁵¹)

Tout en admettant que cette formule représente «un schéma insuffisant», Freud incline à croire «qu'une pareille conception des créations littéraires pourrait ne pas se montrer infructueuse» (p.79⁵¹). Nous sommes tout à fait d'accord avec lui, du moins en ce qui concerne Le Mystère Frontenac. Nous avons déjà pu constater que, menacé par la mort et inspiré par la tendre sollicitude de sa famille, Mauriac a voulu recréer le monde de son enfance. Conformément au modèle freudien, des éléments qui renvoient au passé de l'auteur, aussi bien qu'au présent narratif, se retrouvent tout au long du texte. Là où le schéma de Freud se montre en effet plutôt «insuffisant», c'est en avançant que le désir du créateur trouve forcément sa réalisation dans l'œuvre littéraire ; car le désir mauriacien de retrouver la sécurité de l'enfance s'avère en fait extrêmement problématique.

Selon Freud, les désirs insatisfaits qui trouvent leur réalisation imaginaire dans les rêves diurnes sont essentiellement de deux sortes : «[...] soit des désirs ambitieux, qui servent à exalter la personnalité, soit des désirs érotiques» (p.73⁵¹) ; mais, ajoute-t-il, souvent ces deux orientations se confondent. Un tel mélange est présent dans le «rêve de magnificence» d'Yves : en soutenant la robe de sa mère régale, il joue le rôle d'un page (personnage qui, traditionnellement, rêve d'avancement personnel). À cet

27

égard, le « rêve de magnificence » préfigure la vision qu'a Yves à la fin du roman et qui montre la mère et les enfants réunis pour jouir de la réalisation de l'ambition chrétienne : la vie éternelle dans la présence divine. «*Alors*» (*Œ2*, 608) explique Yves à sa mère, non seulement «*tout amour s'accomplir[a] dans l'unique Amour*» mais aussi «*toute tendresse ser[a] allégée et purifiée de ce qui l'alourdit et de ce qui la souille*». Mauriac semble suggérer qu'il y aura toujours un élément «impur» dans l'amour entre une mère et son fils ici-bas. Sans doute pense-t-il avant tout à l'amour maternel jaloux et possessif décrit dans *Genitrix* ; mais ce roman fait aussi allusion à une dimension *sexuelle* dans les rapports mère–fils[52]. En effet, dans «La Mère, le génie de la famille» (rédigé quelques mois seulement après la publication du *Mystère Frontenac*), Mauriac analyse ainsi la relation entre Félicité et Fernand Cazenave : «*Peut-être faut-il voir là une revanche de l'épouse déçue, qui n'a pas trouvé l'apaisement de sa plus profonde exigence. Autour de l'enfant cristallise une immense passion inutilisée.*» (*PPR*, 42). Peut-être ne serait-il donc pas déraisonnable de voir un élément érotique dans le «rêve de magnificence» d'Yves Frontenac. Qui plus est, puisque ce rêve constitue la première expérience poétique de l'alter ego de l'auteur, le texte indique l'importance d'un érotisme quasi incestueux pour l'imaginaire mauriacien en général. Il n'est donc guère étonnant qu'Yves «*n'ouvr[e] à personne l'accès*» (*Œ2*, 560) à son rêve. Comme le dit Freud, «*il y a là bien des causes à dissimulation*» (p.74[51]) !

Cependant, la véritable importance du «rêve de magnificence» réside moins dans ses implications pyschologiques pour la relation entre Yves et Blanche, que dans le fait que le benjamin ne désire plus effacer la différence entre lui et sa mère en rentrant dans son corps. Cette nouvelle distance est cruciale non seulement pour l'individualité d'Yves, mais aussi pour le développement de son imagination. L'apparition de cette «*reine des facultés*»[53] prépare la voie pour son incarnation comme poète. Et, une fois cette incarnation accomplie, le texte soulignera le lien fondamental qui associe la poésie d'Yves à la vision onirique de l'enfance : « [...] *les poèmes qu'il inventait, participaient du mystère des histoires enfantines. [...] il poursuivait dans son œuvre le rêve éveillé de son enfance [...].* » (Œ2, 575).

III

GENÈSE

L'IDÉE d'une naissance poétique est déjà inscritc dans l'épigraphe du *Mystère Frontenac*, tirée d'un poème inachevé de Maurice de Guérin intitulé *Glaucus* :

Mon destin s'est formé dans l'épaisseur des bois,
J'ai grandi, recouvert d'une chaleur sauvage,
Et le vent qui rompait le tissu de l'ombrage
Me découvrit le ciel pour la première fois.
Les faveurs de nos dieux m'ont touché dès l'enfance ;
Mes plus jeunes regards ont aimé les forêts,
Et mes plus jeunes pas ont suivi le silence
Qui m'entraînait bien loin dans l'ombre et les secrets.

(cité in *Œ2*, 545)

Selon Mauriac, « *le mystère de Guérin tient dans ces quelques vers* » (*ŒC*, XI, 233). On pourrait ajouter que, dans une large mesure, le mystère (d'Yves) Frontenac y tient aussi, car le romancier affirme que « *tout ce qui en [lui] relève du "mystère Frontenac" relève aussi du mystère guérinien* »[54].

Dans *Glaucus*, le Je poétique est déchiré entre sa passion pour les dieux inconnus de la mer et sa fidélité aux dieux familiers des bois et des collines. Pour essayer de chasser son attirance fatale pour les divinités maritimes, il s'adresse ainsi à leurs homologues sylvestres :

Vous tous, dieux de ma vie et que j'ai tant aimés,
De vos bienfaits en moi réveillez la mémoire,
Pour m'ôter ce penchant et ravir la victoire
Aux perfides attraits dans la mer enfermés.   (p.137[55])

Cette prière est exaucée dans les souvenirs qui constituent l'épigraphe au *Mystère Frontenac*. Se souvenant de son passé, le poète commence par l'évocation de la chaleur ombragée d'une matrice arboricole — une sorte de gestation qui précède le moment de la naissance, représenté dans le poème par le vent qui écarte le feuillage pour révéler la lumière du jour pour la première fois. Nous l'avons constaté, un processus pareil se trouve dans *Le Mystère Frontenac* : la destinée poétique d'Yves commence à se développer dans l'espace utérin de la chambre maternelle, chauffée par le feu et éclairée par une lampe qui n'abolit pas « *la demi-ténèbre* » (*Œ5*, 676). Puis on en arrive au moment où il sort de cette chambre et pénètre dans le royaume de l'imagination par le biais de son « rêve de magnificence ». Il faut cependant attendre le chapitre 4 du roman pour assister à sa naissance poétique proprement dite, car c'est la première fois qu'Yves se trouve dans un contexte rural (rappelant celui de *Glaucus*) et qu'il goûte les faveurs divines évoquées dans le poème de Guérin.

poésie et nature

Dans les *Nouveaux mémoires intérieurs*, le souvenir de Claire Mauriac récitant son chapelet dans le corridor sert d'ouverture à ce que l'auteur appelle sa « *symphonie* [...] *pastorale* » (*Œ5*, 676) :

[...] car les mois passés à la ville n'étaient qu'une attente de ceux que nous vivrions aux champs et dans les bois.
De cette campagne, je ne suis non plus jamais sorti, ni mon œuvre [...].
(*Œ5*, 676)

La campagne est donc un élément essentiel du mythe du poète chez Mauriac : il faut qu'Yves quitte l'appartement de Bordeaux pour le paysage landais autour de Bourideys. Voilà ce qui arrive au chapitre 4 quand la famille s'installe dans cette propriété rurale pour les vacances de Pâques. C'est ici que Mauriac retrouve ce « *lieu paradisiaque* » dont parle Jean-Yves Tadié, le seul qui permette à l'auteur du récit poétique d'atteindre à la plénitude de son chant, parce qu'il y rencontre « *sa terre d'élection, son espace sacré, son* templum »[56].

Bourideys

Selon Jacques Petit, le parc à Bourideys est « *comme le sein maternel,* [...] *le lieu du bonheur* » (*Œ2*, 1284). Sans doute a-t-il raison, mais il faut aussi remarquer qu'au centre du parc se trouve « *la maison purifiée de l'oncle Péloueyre* » (566). Ce personnage est la transposition romanesque (à peine voilée) de l'oncle Lapeyre — le frère de la grand-mère paternelle de l'auteur, un des vieux garçons notoires de la famille, dont les livres furent brûlés après sa mort (*Œ5*, 729, 409). Cet autodafé puritain avait pour but d'exorciser les traces matérielles de l'oncle libertin, mais il n'a pas pu empêcher sa consécration dans les annales de la légende familiale. Comme c'est le cas avec Jean-Paul Mauriac/Michel Frontenac (dont il fut l'ancêtre), l'oncle Lapeyre/Péloueyre survit à la mort pour devenir une présence spectrale dans le filigrane du texte, un symbole du potentiel subversif de la littérature au sein du parc maternel de Bourideys.

L'allusion à l'oncle Péloueyre est la première indication que l'influence de la mère commence à faiblir. Cette impression est renforcée quand on apprend que Blanche croit avoir un cancer (*Œ2*, 566). On remarque aussi une évolution importante des rapports mère-fils : « *C'était elle qui, maintenant, prenait Yves dans ses bras et lui qui, parfois, résistait.* ». Les premières manifestations de l'adolescence chez Yves comportent un désir tout à fait naturel d'une plus grande indépendance. Un ajout dans la marge du manuscrit établit un lien intéressant entre cette évolution du comportement d'Yves et sa passion de la lecture (dont, jusqu'ici, il n'a pas été question) : « *Ce n'était plus ce garçon très malheureux.* [...] *Son avidité de lecture renversait toutes les fragiles barrières que dressaient les scrupules de Blanche Frontenac. Tout lui était bon : Rabelais, Brantôme, Molière, et le dernier roman de France.* » (1257). Ce passage, bien qu'absent du texte définitif, illustre de façon exemplaire l'opposition entre la mère et la littérature qui se retrouve tout au long du *Mystère Frontenac*. Il montre également que l'accès du héros à la lecture est un pas fondamental dans la préparation de sa naissance poétique.

L'influence de la mère commence à céder le pas à celle de la littérature, mais la première n'est pas pour autant effacée. Le manuscrit affirme, par exemple, que les livres dévorés par Yves ne portent aucun préjudice à sa jeune piété : « *Le sommeil de sa chair et aussi une grâce particulière le défendait contre le poison.* » (*Œ2*, 1257). Cette « *grâce particulière* » rappelle cet « *état de grâce propre à l'enfance* » (*Œ5*, 675) dont parle Mauriac dans les *Nouveaux mémoires intérieurs*. Celui-ci concerne la dimension visionnaire de la perception enfantine (forme *poétique* de la grâce), alors que la « grâce particulière » dont il est question dans *Le Mystère Frontenac* représente une sorte de prophylaxie spirituelle (forme *religieuse* de la grâce). Le mélange de ces deux formes de la grâce révèle l'importance de modèles romantiques dans le récit de la genèse poétique d'Yves Frontenac, car ce furent les Romantiques, dans le sillage de Rousseau, qui cultivèrent l'idée de la suprématie (tant poétique que morale) de l'enfant[57]. Comme les enfants de Desbordes-Valmore, de Hugo et de Lamartine, Yves semble plus proche de Dieu que le reste de l'humanité au moment de sa naissance poétique. Mais il faut noter qu'il vient d'avoir quatorze ans quand cet événement a lieu (*Œ2*, 570). Il est à cheval entre l'enfance et l'adolescence. L'état de grâce dont il jouit sera donc de courte durée, car, pour Mauriac, une fois passé le cap de l'adolescence, la vie ne pourra plus jamais être pareille :

Autant que nous croyions à la personne humaine, à sa continuité, à son unité, il faut bien admettre en effet que l'adolescence marque une rupture, interrompt le courant, crée parfois une chimère à tête d'enfant et à corps d'homme. Une bête hagarde et féroce regarde le monde avec des yeux d'ange.[58]

Yves Frontenac, tel qu'on le découvre au chapitre 4 du roman, est encore loin de cette créature divisée. En fait, le récit de sa genèse poétique se déroule dans un cadre d'où le conflit est à peu près absent. Toujours est-il qu'un nombre de tensions latentes menacent l'harmonie de cette idylle rurale.

printemps

Le récit de la naissance poétique d'Yves Frontenac forme une unité discrète, isolée du reste du texte par des blancs (Œ2, 566-9). Au début de cette section on voit Jean-Louis qui part de Bourideys à la recherche du printemps. La description anthropomorphique de la saison — « le printemps rôdait dans ce faux jour d'hiver comme un être qu'on sent tout proche et qu'on ne voit pas » (566) — n'est pas seulement un procédé littéraire : elle établit un lien implicite entre l'objectif principal de la quête de Jean-Louis (des signes de la renaissance naturelle) et ce qu'il finit par découvrir (la genèse poétique de son frère). Ce lien est d'autant plus fort que le même verbe (surprendre) est utilisé pour décrire et sa découverte du printemps tout près de la Hure (566) et sa découverte du petit personnage mystérieux qui n'est autre que son frère (567). En associant ainsi la naissance poétique d'Yves au commencement du printemps, Mauriac fait appel au topos familier selon lequel le printemps est la saison des origines.

Bien sûr, si nous parlons de la naissance d'Yves comme poète, il ne s'agit pas d'un événement « réel », mais d'un moment central du mythe du poète chez Mauriac. Si Yves naît comme poète au chapitre 4, c'est seulement en ce sens qu'il est révélé comme tel pour la première fois. Les racines de ses sensibilités poétiques sont beaucoup plus anciennes. En effet, dans les Nouveaux mémoires intérieurs, Mauriac écarte l'idée d'origines poétiques précises en faisant allusion au ruisseau qui est associé à la « nais-

35

sance» d'Yves comme poète dans *Le Mystère Frontenac* : «*Quand nous partions, mes frères et moi, avec notre abbé, pour atteindre les sources de la Hure, nous ne les découvrions jamais, car l'eau s'infiltrait de partout à travers des marécages inaccessibles. Ainsi de toute poésie et de la mienne.*» (Œ5, 674).

Mauriac est très attentif aux rythmes et au symbolisme des saisons en général (comme en témoigne son essai *L'Hiver*), mais sa présentation du printemps est particulièrement intéressante parce que gouvernée par la figure du paradoxe[59]. Évoquant ses années de collège dans *Le Jeudi saint* (publié seulement un an avant la rédaction du *Mystère Frontenac*), Mauriac explique que sa conscience naissante de son «*cœur partagé*» était toujours très aiguë pendant la semaine sainte à cause du «*singulier combat*» (ŒC, VII, 174-5) entre le printemps du Christ et celui de Cybèle. «*J'étais véritablement déchiré*» (*SR*, 49), avoue-t-il ailleurs. L'image de l'être déchiré est fondamentale à la pensée mauriacienne. C'est un trait qu'il partage avec ses poètes préférés : Racine, Baudelaire, Rimbaud et, avant tout, Maurice de Guérin. Parfois, les réactions dualistes de Mauriac devant le printemps sont presque identiques à celles de Guérin. Que l'on pense, par exemple, aux reproches que se fait Guérin le 5 avril 1833, parce qu'il pense avoir été trop absorbé par la beauté du «*divin printemps*» : «*Mon Dieu, que fait donc mon âme d'aller se prendre ainsi à des douceurs si fugitives, le vendredi saint, en ce jour tout plein de votre mort et de notre rédemption!*» (p.160[55]). Dans le même esprit, Mauriac se souvient de ses sentiments lors du chant de la liturgie le jeudi saint au collège : «*Cette douleur était en moi, mais par le vitrail ouvert je voyais le bel azur du printemps.* [...] *Alors, tous les enchantements du monde se liguaient contre l'enfant qui aurait voulu entrer en agonie avec le Christ.*» (ŒC, VII, 172).

Mauriac ne cache pas son attirance pour le poète romantique : «*Qu'il est selon notre cœur, ce drame guérinien où Dieu, la nature, la grâce, l'amour profane, l'amour fraternel, se disputent un enfant inspiré!*» (ŒC, VIII, 381). Il n'est donc pas étonnant que de tels éléments occupent une place importante dans le drame d'Yves Frontenac, dont Mauriac aurait pu répéter ce qu'il dit de Guérin : « *Il est notre jeunesse même.* » (XI, 236). Bien que Guérin soit parfois déchiré entre Dieu et la nature, il y a des moments dans *Le Cahier vert* où la tension entre les deux disparaît. Le 30 mars 1833, par exemple, Guérin suggère que le cœur humain est le point de rencontre de Dieu et de la nature :

[...] là, comme sur l'autel où l'on brûle l'encens, elle s'évapore, par un sacrifice ineffable, dans le sein de Dieu. Il me semble qu'il y aurait des choses profondes et merveilleuses à dire sur le sacrifice de la nature dans le cœur de l'homme et l'immolation eucharistique dans ce même cœur. La simultanéité de ces deux sacrifices et l'absorption de l'un dans l'autre sur le même autel, ce rendez-vous de Dieu et de toute la création dans l'humanité ouvrirait, ce me semble, de grandes vues en hauteur et en profondeur.   (p.158[55])

La naissance poétique d'Yves Frontenac se caractérise par une harmonie pareille entre Dieu, l'homme et la nature. Bien qu'Yves vienne d'entrer dans sa quinzième année au moment de cette genèse, la « *grâce particulière* » (*SR*, 48) dont il jouit le met à l'abri de l'adoration sensuelle de la nature que Mauriac associe à l'âge de puberté. Le manuscrit présente la poésie d'Yves comme « *un secret entre Dieu et lui et les pins du parc* » (*Œ2*, 1257), c'est-à-dire comme un véhicule de communion entre l'humain, le naturel et le divin. Yves joue donc le rôle intermédiaire (et quasi sacerdotal) que la lecture de Guérin inspirait au jeune Mauriac : « *C'était* [...] *en nous et par nous que la nature connaissait Dieu, et non seulement l'adorait, mais s'unissait à Lui dans l'Eucharistie.* » (*AM*, 163). La décision de Mauriac de supprimer la référence aux « *pins du parc* » (*Œ2*, 568) dans le texte définitif du roman révèle peut-être le désir de créer une distance entre Yves et Guérin et d'éviter toute confusion avec « *l'ivresse panthéiste* » (*Œ5*, 11) du poète romantique. En fait, plutôt qu'à Maurice de Guérin, c'est à André Lafon que ressemble Yves au chapitre 4 du roman : « *L'un et l'autre ont aimé la nature jusqu'à en faire la rivale de Dieu* » (*ŒC*, XI, 19), explique Mauriac, mais tandis que « *Guérin ne consentit jamais à choisir entre le*

Créateur et le créé [...], *André Lafon, lui, tout de suite préféra Dieu».* Yves semble partager cette préférence au moment de sa révélation comme poète, mais il n'en sera pas ainsi pour longtemps.

En situant la genèse poétique d'Yves Frontenac pendant les vacances de Pâques, Mauriac laisse entendre que le drame de son héros sera caractérisé par le même conflit d'intérêts que sa propre vie. Si le chapitre 4 du roman n'exploite pas ouvertement l'ambivalence à l'égard du printemps qu'on retrouve ailleurs, c'est parce que le caractère mythique de l'incarnation poétique d'Yves permet la suppression temporaire de conflits dans une harmonie quasi édénique. Néanmoins, le lecteur qui connaît bien l'œuvre mauriacienne aura conscience des forces perturbatrices cachées sous l'unité apparente.

poésie et religion

le poète inspiré

Immédiatement après sa découverte du printemps, Jean-Louis est témoin de la naissance poétique de son frère cadet. Malgré sa longueur, il sera utile de citer *in extenso* le passage qui raconte ce que voit le frère aîné :

[...] sur la souche d'un pin, un étrange petit moine encapuchonné était assis, et psalmodiait à mi-voix, un cahier d'écolier dans sa main droite. C'était Yves qui avait rabattu sur sa tête son capuchon et se tenait le buste raide, mystérieux, assuré d'être seul et comme servi par les anges. Jean-Louis n'avait plus envie de rire parce que c'est toujours effrayant d'observer quelqu'un qui croit n'être vu de personne. Il avait peur comme s'il eût surpris un mystère défendu. Son premier mouvement fut donc de s'éloigner et de laisser le petit frère à ses incantations. Mais le goût de taquiner, tout puissant à cet âge, le reprit et lui inspira de se glisser vers l'innocent que le capuchon rabattu rendait sourd. Il se dissimula derrière un chêne, à un jet de pierre de la souche où Yves trônait, sans pouvoir saisir le sens de ses paroles que le vent d'est emportait. D'un bond, il fut sur sa victime, et avant que le petit ait poussé un cri, il lui avait arraché le cahier, filait à toutes jambes vers le parc. (*Œ2, 567*)

Cet extrait se caractérise par un vocabulaire religieux : « *moine - psalmodiait - capuchon - anges - mystère - incantations - innocent* » et « *victime* ». En employant de tels mots, Mauriac s'inscrit dans une tradition qui, dès les civilisations antiques, a allié poésie et religion. Paul Bénichou a montré qu'après les poètes de la Pléiade, les écrivains français du XVIIe et du XVIIIe siècle eurent tendance à négliger cette association jusqu'à ce que le concept d'un « sacerdoce littéraire » fût reformulé par les Romantiques[60]. Pour Vigny, par exemple, dans « *La Maison du berger* » — à laquelle Mauriac fait référence dans le manuscrit du roman juste avant la genèse poétique d'Yves Frontenac (Œ2, 1257) — Poésie, revêtue d'une « *robe de prêtresse* » (p.124[61]), est blasphémée par « *le vulgaire effrayé* » (p.123[61]). Dans « *Bénédiction* », Baudelaire dit à Dieu : « *Je sais que vous gardez une place au Poëte / Dans les rangs bienheureux des saintes Légions* » (p.I/9[53]). Et, après avoir affirmé « *qu'existe entre les vieux procédés et le Sortilège, que demeure la poésie, une parité secrète* », Mallarmé suggère dans « *Magie* » que celle-ci prête au vers un « *trait incantatoire* »[62]. Le *Mystère Frontenac* reprend cette tradition : Blanche et Xavier *blasphèment* contre l'esprit poétique (Œ2, 595) ; Yves cite les mêmes vers de « *Bénédiction* » que nous venons de reproduire (610) ; et le lien entre poésie et *incantation* se trouve dans le récit de sa naissance poétique (567).

Ce qu'il écrit au moment de sa révélation comme poète est décrit comme « *un secret entre Dieu et lui* » (Œ2, 568). Le moyen de commun(icat)ion semble être une langue spirituelle, ce qui convient bien à la phase « édénique » du mythe du poète chez Mauriac parce qu'elle rappelle la facilité apparente avec laquelle Adam et Ève parlent avec Dieu dans le jardin d'Éden[63]. Espionnant son petit frère, Jean-Louis n'arrive pas à « *saisir le sens de ses paroles que le vent d'est emportait* » (567). S'agirait-il d'une allusion aux paroles du Christ à Nicodème : « Le vent souffle où il veut et tu entends sa voix, mais tu ne sais pas d'où il vient ni où il va. Ainsi en est-il de quiconque est né de l'Esprit » (Jn III, 8) ? Pour Charles Du Bos, que Mauriac voyait souvent dans les années précédant la composition du *Mystère Frontenac*, ce verset décrit bien la présence du « spirituel » dans la littérature — celui-ci étant un élément qui ne peut être saisi en soi, seulement appréhendé dans ses manifestations : « *Sa* présence *même est bien moins un séjour qu'un passage.* »[64]. On pourrait considérer Yves comme un hôte temporaire de cette force lors de sa genèse poétique.

Une autre allusion à la conception biblique du Saint-Esprit se trouve dans la question en style indirect libre avec laquelle Yves se console après le vol du cahier contenant ses vers : « [...] *que pouvaient-ils entendre à cette langue dont lui-même n'avait pas toujours la clef ?* » (Œ2, 568). Ces pensées rappellent les paroles de l'apôtre Paul aux Corinthiens : « [...] celui qui parle en langues ne parle pas aux hommes, mais à Dieu ; personne en effet ne comprend : il dit en esprit des choses mystérieuses » (1 Co xiv, 2). Un parallèle implicite est donc établi dans le roman entre l'inspiration poétique et le charisme de parler en langues. Claudel rapproche les deux phénomènes, lui aussi, dans son « Introduction à un poème sur Dante » :

Il n'y a pas de poète, en effet, qui ne doive *inspirer* avant de *respirer*, qui ne reçoive d'ailleurs ce souffle mystérieux que les Anciens appelaient la Muse et qu'il n'est pas téméraire d'assimiler à l'un des *charismes* théologiques, ce que l'on désigne dans les manuels sous le nom de *gratia gratis data*. Cette inspiration n'est pas sans analogie avec l'esprit prophétique, que les Livres Saints ont bien soin de distinguer de la sainteté.

(p.422[11])

Il faut toutefois remarquer que l'apôtre distingue entre le charisme des langues et celui de la prophétie. Selon Paul, il est mieux de prophétiser (c'est-à-dire d'exhorter) que de parler en langues dans les assemblées, car « celui qui parle en langues s'édifie lui-même », alors que « celui qui prophétise édifie l'assemblée » (1 Co xiv, 4). On pourrait considérer l'œuvre catholique de Claudel comme « prophétique » en ce sens, mais Yves Frontenac, au contraire, n'ayant pour audience que Dieu et les pins, ne peut que s'édifier lui-même. Quand Jean-Louis lui vole son cahier, sa poésie est exposée pour la première fois au regard de l'autre. Et, comme nous le verrons par la suite, son incapacité de bien gérer la transition du privé au public constitue un aspect fondamental de son échec poétique.

le poète christique

Le réseau d'allusions à ce qu'il y a de spirituel et de mystique dans la genèse poétique d'Yves Frontenac est couronné d'une série de parallèles l'associant au Christ. Deux d'entre eux sont particulièrement clairs. Quand Jean-Louis surprend son frère cadet, celui-ci lui paraît « *mystérieux, assuré d'être seul et comme servi par les anges* » (Œ2, 567), description qui rappelle celle du Christ après sa tentation au désert : « [...] des anges s'approchèrent, et [...] le servaient.» (Mt IV, 11). Le second parallèle intervient après le vol du cahier contenant les vers du jeune poète. L'idée que d'autres pourraient se moquer de ses poèmes lui est insupportable et il se met à courir dans la direction du moulin, peut-être avec l'intention de se noyer dans l'écluse. «*Mais*», dit le narrateur, «*il perdait le souffle*» (Œ2, 568) — non seulement à cause du sable dans ses souliers, mais aussi «*parce qu'un pieux enfant est toujours porté par les anges : "... Parce que le Très-Haut a commandé à ses anges à ton sujet de te garder dans toutes tes voies. Ils te porteront dans leurs mains de peur que ton pied ne heurte contre une pierre..."*». Ces paroles sont une citation du Psaume XCI, 11–12, et, dans l'évangile de Matthieu (IV, 6), elles sont adressées au Christ par le diable au cours de ses tentations.

D'autres allusions à l'expérience du Christ sont moins directes. Jean-Louis se cache derrière un chêne, «*à un jet de pierre*» (Œ2, 567) de la souche où Yves communie avec Dieu dans sa poésie/prière ; à Gethsémani Jésus s'éloigna de ses disciples «d'environ un jet de pierre» afin de prier (Lc XXII, 41). Quand Jean-Louis fond subitement sur «*sa victime*» (Œ2, 567), on pense à l'arrivée inattendue à Gethsémani de la troupe menée par Judas qui devait arrêter le Christ (Lc XXII, 47). Yves ne veut pas que ses vers soient lus, «*livré[s] à leurs risées, à leurs moqueries*» (Œ2,

41

568) ; les ricanements et les moqueries furent précisément le lot du Christ avant et pendant sa crucifixion (Lc xxii, 63–65 ; xxiii, 35–37).

Un dernier parallèle (inverti cette fois-ci) intervient au moment de la réconciliation des deux frères quand un coucou chante une dernière fois (Œ2, 568) ; dans l'évangile, c'est le chant du coq qui marque le moment de la rupture (temporaire) entre Pierre et Jésus (Lc xxii, 61).

Mais, comme le montre ce dernier exemple, si le roman établit des parallèles entre Yves et le Christ, il les affaiblit aussi. La référence aux anges qui servaient le Christ après ses tentations (citée plus haut) se trouve aussi dans une section de *Commencements d'une vie* qui raconte les expériences de Mauriac adolescent : « *Ce fut le temps où les poètes commencèrent de m'entourer et de me servir, comme les anges servaient au désert le Fils de l'Homme. J'interposais entre le réel et moi tout le lyrisme du dernier siècle.* » (Œ5, 83). Ces paroles mettent en doute le sens de communion mystique entre Yves et Dieu et le sens quasi guérinien de communion avec la nature : peut-être la communion soi-disant directe est-elle toujours déjà véhiculée par la lecture (cf. *SR*, 48, 75-6). Dans *Commencements d'une vie*, Mauriac enchaîne avec une phrase qui dégonfle l'association audacieuse qu'il avait établie entre lui-même adolescent et le Fils de l'Homme : « *Ce qui est remarquable chez un enfant de cette espèce, c'est son impuissance à se juger, à se faire de lui-même une idée raisonnable.* » (Œ5, 83). Peut-être ne devrait-on donc pas prendre trop au sérieux les allusions christiques du roman.

Bien que celles-ci ajoutent à l'atmosphère de sainteté qui caractérise la naissance poétique d'Yves Frontenac et contribuent au mythe du poète comme lévite et/ou victime[65], leur fonction n'est pas de présenter Yves comme un avatar du Christ. Elles impliquent plutôt que le message et l'exemple du Christ exerceront une influence profonde sur son destin poétique. Au moment de sa genèse, protégé par une « grâce particulière », Yves jouit d'une pleine communion avec son Dieu. Mais, à la suite de la chute que nous analyserons dans le prochain chapitre, une telle communion s'avérera de plus en plus difficile à maintenir. Une voix divine l'appellera à développer son art dans un contexte chrétien, mais, en refusant cette vocation, Yves s'exilera du divin jusqu'à ce que la prière devienne pour lui un « *langage perdu* » (*Œ2*, 657). La communion ne sera rétablie qu'à la fin du roman lors d'une ultime vision qui effectuera pour Yves une double réconciliation avec son Dieu d'une part et sa famille d'autre part.

IV

CHUTE

D ANS la Bible, le récit de la Genèse est immédiatement suivi de celui de la chute. On retrouve le même schéma dans *Le Mystère Frontenac* : la première partie du chapitre 4 raconte la naissance du poète, la seconde sa disgrâce. Cette chute a lieu sur deux plans distincts mais liés. D'un côté, il y a la transition de l'enfance à l'adolescence, c'est-à-dire d'une pureté idéalisée à ce que Mauriac considère comme une trouble période de passions naissantes. De l'autre, il y a la transition de la création spontanée du poète à la naissance de l'auteur, plus soucieux de son image publique que de son don créateur. Cette chute, qui n'est pas plus littérale que la naissance poétique que nous venons d'examiner, introduit donc une nouvelle phase dans le mythe du poète chez Mauriac. Dans ce chapitre nous nous proposons d'analyser la chute d'Yves Frontenac et de montrer comment elle reflète les inquiétudes de Mauriac lui-même à propos de la créativité littéraire.

naissance de l'auteur

Les deux frères réconciliés décident de faire ensemble le tour du parc après avoir mangé. Dans l'édition de la « Pléiade », ce dîner familial est décrit dans un paragraphe séparé du reste du texte par deux blancs (Œ2, 569), mise en pages qui souligne le fait que ce repas n'est qu'un bref intervalle entre les deux événements principaux du chapitre. Sorti de la maison, Yves marche,

« *délivré d'il ne savait quoi, comme si en lui une pierre avait été descellée par son grand frère* » (570). Ces paroles perpétuent l'association problématique entre Yves et le Christ que nous avons relevée dans la première partie du chapitre 4. Selon l'évangéliste, les grands prêtres et les Pharisiens avaient « scellé la pierre » devant le sépulcre de Jésus, mais un ange était venu la rouler (Mt xxvii, 66 ; xxviii, 2). En louant la poésie de son frère — « *Ce que tu as écrit... c'est plus que très beau* » (Œ2, 569) — Jean-Louis accomplit une fonction analogue à celle de l'ange : la pierre qui bloquait la source poétique d'Yves est ôtée. Après que la pierre fut roulée, le Christ sortit du sépulcre pour mener une nouvelle vie ; une fois enlevée la pierre qui restreint son développement poétique, Yves entre, lui aussi, dans une nouvelle phase de sa vie — comme auteur. Cette naissance comme auteur constitue cependant une image négative de la résurrection du Christ : loin d'annoncer le commencement d'une existence bénie, elle marque le début d'un déclin qui mènera jusqu'au désespoir suicidaire pour Yves. La naissance de l'auteur recèle la mort du poète.

Jean-Louis a le pressentiment qu'en louant Yves il a peut-être compromis le talent de son frère : « *Il craignait, disait-il, de rendre Yves trop conscient. Il avait peur de troubler la source...* » (Œ2, 570). Ces deux craintes indiquent la nature de la disgrâce qui frappera Yves. En même temps, elles révèlent quelques-uns des soucis qui préoccupaient Mauriac lui-même quand il réfléchissait au rôle de l'écrivain. Nous examinerons les connotations de ces craintes plus loin ; considérons pour le moment leur origine.

Mauriac les transpose d'une lettre qu'il avait reçue de Maurice Barrès en 1910 pendant les vacances de Pâques (rappelons que c'est à la même saison que se produisent la genèse et la chute poétiques d'Yves Frontenac). Celui dont le compte rendu des *Mains jointes* aidait le jeune écrivain à se faire une réputation littéraire s'exprime ainsi :

[...] on a peur de vous nuire en vous admirant de trop près et l'on craint de prendre sur vous aucune influence ou même de vous rendre conscient.

Il faut que vous produisiez sans effort de volonté. Tous les soins d'un bon ouvrier certes, mais que la source même de votre pensée jaillisse naturellement. (*Œ5*, 198)

Les ressemblances entre cet extrait et ce que dit Jean-Louis au chapitre 4 du *Mystère Frontenac* sont évidentes : après avoir joué le rôle barrésien d'un « *étonnant sourcier* » (*Œ2*, 787) en louant la poésie de son cadet, Jean-Louis devient l'écho de l'admonition barrésienne.

Yves essaie de rassurer son frère : « [...] *ça ne dépendait pas de lui, c'était comme une lave dont d'abord il ne se sentait pas maître. Ensuite, il travaillait beaucoup sur cette lave refroidie, enlevant, sans hésiter, les adjectifs, les menus gravats qui y demeuraient pris. La sécurité de l'enfant gagnait Jean-Louis.* » (*Œ2*, 570). Elle aurait gagné Barrès aussi : c'est précisément cette combinaison de flot spontané et d'art patient qu'il prône dans la lettre que nous venons de citer. Une telle combinaison représente une synthèse des doctrines stéréotypées des Romantiques et des Parnassiens, elle laisse voir aussi l'influence de Baudelaire, le plus important peut-être des mentors poétiques de Mauriac. Nous pensons en particulier à ses « Conseils aux jeunes littérateurs » et à la phrase célèbre selon laquelle : « *L'inspiration est décidément la sœur du travail journalier.* » (p.II/18[53]). La section de l'essai où l'on trouve cette phrase (« Du travail journalier et de l'inspiration ») établit une relation essentiellement métaphorique entre le travail poétique et la sobriété morale : « *L'orgie n'est pas la sœur de l'inspiration : nous avons cassé cette parenté adultère.* [...] *Le temps des mauvaises écritures est passé.* » (*ibid.*). Mauriac reprend de tels sentiments dans *La Vie et la mort d'un poète* : « *Il existe un rapport certain entre la discipline intérieure et la perfection poétique ; et ce que beaucoup haïssent sous le nom de romantisme, c'est le péché : le péché se trahit dans l'enflure, dans l'égarement, dans le désordre des images, dans le mépris du verbe, dans l'abus des épithètes.* » (*Œ5*, 19). En enlevant les adjectifs superflus de la lave refroidie de ses poèmes, Yves Frontenac évite le « péché » des abus romantiques. En ce qui concerne sa pratique en tant que poète, il n'est donc pas encore tombé en disgrâce.

Mais ce que dit Mauriac de Baudelaire dans *La Vie et la mort d'un poète* suggère que, même si Yves devait perdre son état de grâce spirituel (c'est-à-dire l'innocence prolongée de son enfance), son statut en tant que poète n'en serait pas forcément compromis : « *Le romantisme est le péché qui s'ignore : Charles Baudelaire domine son siècle parce que, chez lui, le péché se connaît.* » (*Œ5*, 19). Pour Mauriac, donc, c'est la condition post-édénique de la connaissance du péché (et ici il emploie le mot *péché* dans son acception religieuse plutôt que métaphorique) qui constitue la vraie grandeur poétique — conclusion qui rappelle la phrase célèbre de Pascal : « [...] *la grandeur de l'homme est grande en ce qu'il se connaît misérable.* »[66].

Dans l'immédiat, Jean-Louis est rassuré par l'attitude exemplaire de son frère à l'égard de sa poésie, mais il ne peut s'empêcher de se demander si cet état de choses durera : « *Le génie survivrait-il à l'enfance ?* » (*Œ2*, 570). Le reste du roman fournit une réponse négative à cette question, mais il aurait pu en être autrement. Dans *Le Jeune homme*, Mauriac définit le génie comme « *la jeunesse plus forte que le temps, la jeunesse immarcescible* » (683) et dit que « *le don de la poésie, dans un homme, c'est sa jeunesse survivante* » (691). Bien que *l'esprit* de l'enfance soit un élément poétique indispensable aux yeux de Mauriac, cet esprit ne dépend pas nécessairement de l'âge du poète. Mais une fois tourné le cap de l'adolescence, l'esprit de l'enfance ne sera plus l'état *naturel* du poète : il lui faudra désormais un effort pour le retrouver, comme en témoigne Georges Bernanos qui voyait en l'écriture une tentative désespérée de reconstituer le langage de l'enfance[67]. À cause de sa chute, Yves aura de plus en plus de mal à redécouvrir ce langage perdu. Plutôt que la marche iné-luctable du temps, ce sera son incapacité à garder contact avec l'esprit de l'enfance qui entraînera son échec comme poète. Il lui manque également l'application rigoureuse à sa vocation qui, aux yeux de Mauriac, « sauve » des poètes comme Mallarmé et Valéry chez qui l'esprit de l'enfance est absent (*BN2*, 292).

« *Le génie survivrait-il à l'enfance ?* » (*Œ2*, 570) — cette question trouve une réponse immédiate quand Yves demande à son frère quel poème il avait le plus aimé. Vient ensuite un commentaire laconique de la part de Mauriac : « *Question d'auteur : l'auteur venait de naître* ». Comme nous l'avons déjà suggéré, cette naissance est loin d'être un événement heureux — sur le plan du mythe structurant, c'est l'équivalent de la chute biblique qui marque le début du déclin chez Adam et Ève.

Cette naissance, qui est en même temps une chute, rappelle les paroles de Mauriac dans *Dieu et Mammon* : « *Dans quelle mesure ce que je suis diffère de ce que je parais être ? L'écrivain a perdu à jamais l'état de grâce qu'est l'état d'indifférence, le jour où il cède à la tentation de mesurer cet écart.* » (*Œ2*, 781). La même idée se retrouve aussi dans les *Nouveaux mémoires intérieurs* :

Ce qui lentement se formait en moi durant ces années d'enfance et d'adolescence c'était la nappe profonde d'où devait sourdre la source que Barrès, le premier, décela, et ce fut un bonheur, il me semble, que l'idée de l'utiliser ne me fût venue qu'assez tard, qu'aucune préoccupation de métier n'ait prématurément troublé ce travail obscur au-dedans de moi.

(*Œ5*, 674)

Ce sont précisément de telles préoccupations qui tariront la source poétique chez Yves. C'est ce que Jean-Louis (à l'instar de Barrès) voulait à tout prix éviter et pourquoi il avait si peur de « *troubler la source* » en rendant son frère « *trop conscient* ».

après la chute

Après sa discussion avec Jean-Louis à la fin du chapitre 4, nous lisons que soudain Yves « *eut honte parce qu'ils n'avaient parlé que de ses poèmes* » (*Œ2*, 571). Dans le récit biblique, la honte est une émotion centrale dans l'histoire de la chute d'Adam et Ève — son absence étant un des traits caractéristiques de leur état primitif (Gn II, 25). On pourrait donc qualifier la honte d'émotion postédénique par excellence.

Cette honte est provoquée chez Yves par un petit remords, mais ce dernier ne dure pas longtemps. Le lendemain même il s'étonne de ce que Jean-Louis puisse toujours s'intéresser à Madeleine Cazavieilh, *«comme si la découverte qu'il avait faite dans le cahier d'Yves, eût dû le détourner de ce plaisir, comme si tout, désormais, aurait dû lui paraître fade»* (Œ2, 572). Cet égoïsme est accompagné d'une *«étrange jalousie»* (574) — deux émotions (deux péchés en termes chrétiens) qui figurent pour la première fois dans le texte par rapport à Yves et qui semblent donc liées en quelque sorte au récit de sa chute qui vient d'avoir lieu. Le désir sexuel, lui aussi, se manifeste pour la première fois chez Yves maintenant, mais la façon dont il est signalé mérite d'être retenue : *« Sans doute, les jeunes filles existaient déjà, aux yeux du petit Yves.»* (572). Le mot *déjà* indique clairement que le désir sexuel n'est pas quelque chose de nouveau chez Yves et qu'il ne faut donc pas considérer sa chute sous un angle trop littéral : c'est une métaphore pour souligner l'évolution du mythe du poète.

Ce dont nous venons de parler concerne la dimension morale de sa chute ; passons maintenant à la dimension poétique. Au chapitre 4, Yves perd l'état de grâce qu'est l'indifférence à cause des louanges de son frère. Au chapitre 5, Jean-Louis aggrave involontairement le problème en encourageant Yves à envoyer son manuscrit au *Mercure de France* (qui avait publié quelques poèmes du jeune Mauriac). La pâleur du poète (Œ2, 575) et ses yeux *« brillants d'espoir»* (576) montrent bien que la suggestion de son frère a éveillé l'ambition de la gloire littéraire. Quand Jean-Louis devient pensionnaire, Yves devient obsédé par ses rêves : *« Livré à lui-même, il ne pensa plus qu'à son manuscrit.»*. Le temps passe, mais il n'y a toujours pas de réponse du *Mercure* : *« L'espérance d'Yves baissait un peu plus chaque jour comme le niveau des sources.»* (577). Étant donné les associations métaphoriques du mot *source* pour Mauriac (rappelons que Jean-Louis avait peur de « troubler la source» de son frère), on est tenté de voir dans cette phrase une indication que l'ambition littéraire d'Yves commence déjà à épuiser ses ressources créatrices.

En l'absence de son frère aîné, Yves pense avoir trouvé un autre *« témoin de sa gloire et de son génie »* (*Œ2*, 578) dans la personne de Binaud, le rival de Jean-Louis. Quand Binaud se penche par-dessus l'épaule du jeune poète pour lire ses vers, Yves feint de ne rien voir, mais ne tourne la page de son cahier *« que lorsqu'il fut assuré que le voisin avait fini de déchiffrer la dernière ligne »* (577-8). Quelle différence entre cette scène et celle du chapitre 4 où Yves était au désespoir après que son frère lui avait volé son cahier de vers ! Mais, comme Jean-Louis, Binaud sait reconnaître le talent — en effet, il attribue ce qu'il vient de lire à Rimbaud (nom inconnu du jeune poète).

Il est donc évident que malgré (ou peut-être faut-il dire à cause de) sa chute, Yves reste un poète de premier plan. Mais, quand il sort pour apporter son cahier chez Binaud, il y a encore une référence aux niveaux d'eau qui baissent : *« Juillet desséchait le triste Bordeaux. L'eau ne coulait plus le long des trottoirs. »* (*Œ2*, 578). Encore une fois l'on se demande si la sécheresse littérale ne reflète pas la desiccation métaphorique de l'intégrité poétique chez Yves. Après avoir essuyé un camouflet chez son admirateur involontaire, Yves gagne la rue et file *« ivre de méchanceté et de désespoir »* (580) — deux substantifs qu'il faut ajouter au réseau lexical que nous avons qualifié de postédénique. Puisque le jeune poète n'a encore que quinze ans, une glace à la fraise suffit à le consoler. Mais Mauriac précise dans le manuscrit que cette première déception poétique *« était comme le "modèle" d'un moule où il coulerait plus tard la vraie douleur »* (1262). Cet épisode relativement banal en soi indique donc que le drame de ce jeune poète se déroulera sous le signe de la souffrance, en particulier parce qu'il a tendance à considérer sa vocation comme une voie à la gloire personnelle. Pour Mauriac, ce que des écrivains aussi différents que Baudelaire, Verlaine, Rimbaud, Mallarmé, Claudel, Gide, Jammes, Proust et Valéry ont en commun est le fait qu'*« ils n'ont pas fait carrière. [...] Aucun d'eux n'a mis au-dessus de tout la réussite matérielle »* (*Œ5*, 54). On ne peut pas en dire autant d'Yves Frontenac, et sans doute Mauriac avait-il peur qu'il n'en fût de même pour lui.

L'obsession de la réussite chez Yves a une influence marquée sur son humeur : «*Il devenait amer. Il haïssait les siens de ne pas discerner un nimbe autour de son front.*» (*Œ2*, 577). Il s'agit encore une fois d'émotions post-édéniques. Selon le manuscrit, le changement d'humeur chez Yves est perceptible dans sa poésie aussi : «*La rage imbiba tout ce qu'il écrivit à cette époque.*» (1261). Le sens de communion et d'harmonie qui accompagnait sa genèse poétique est remplacé par une attitude de révolte amère. Pour l'auteur du *Jeune homme*, la jeunesse se caractérise par des extrêmes contradictoires (680). Yves exemplifie cette règle, passant du dégoût physique de soi («*Il prenait en dégoût ses épaules étroites, ses faibles bras*») à la mégalomanie : «[...] *la tentation absurde lui venait de monter, un soir, sur la table du salon de famille et de crier : "Je suis roi ! je suis roi !"*» (577)[68]. En décrivant ces aspects contradictoires, Mauriac souligne le fait que son héros n'a plus accès à l'unité harmonieuse du paradis mythique de l'enfance. Yves s'en est exilé dès sa chute et maintenant il lui faut assumer sa condition déchue — comme adolescent et comme poète.

nouvelle poésie

Au chapitre 8, Yves apprend que ses poèmes seront publiés dans le *Mercure de France*. Le poète est enivré de ce «*premier rayon de la gloire*» (*Œ2*, 587), au point où, malgré ses bonnes intentions, il n'arrive pas à entrer dans la tristesse de Blanche qui s'apprête à partir pour Vichy afin de soigner sa mère gravement malade (585). C'est le début du divorce entre Yves et le reste de la famille qui s'accentuera au fur et à mesure que son art lui deviendra plus important. Son égoïsme se traduit par la pensée qui accompagne le départ de sa mère pour la gare, le laissant seul avec Jean-Louis : «*Enfin ! Ils régnaient seuls sur la maison et sur le parc.*» (586).

La situation est analogue à celle du chapitre 4 : les deux frères font le tour du parc de Bourideys, discutant de la poésie du cadet. Pourtant il y a des différences importantes entre les deux scènes.

Auparavant, quand Jean-Louis lui avait volé son cahier de vers, Yves avait manifesté une réaction quasi suicidaire ; maintenant, quand Jean-Louis demande s'il peut voir ses derniers vers, la requête le rend fou de joie. Il revient de la maison avec ses poèmes et vole vers son frère aîné « *avec la rapide grâce d'un ange* » (Œ2, 586). Malgré sa chute, la joie de la créativité continue à conférer une forme de grâce à l'adolescent. Mais ce qu'il lit semble contredire en quelque mesure cette impression :

Quelle AMERTUME ! quelle DOULEUR déjà ! Yves qui tout à l'heure bondissait comme un faon, lisait d'une voix ÂPRE et DURE. Et pourtant il se sentait profondément heureux ; il n'éprouvait plus rien, à cette minute, de l'affreuse douleur que ses vers exprimaient. Seule subsistait la joie de l'avoir fixée dans des paroles qu'il croyait éternelles.[69]   (Œ2, 587)

Les mots en petites capitales reflètent les éléments de l'expérience humaine qui sont associés à la malédiction prononcée contre Adam et Ève après leur chute (voir Gn III, 16–19). On pourrait donc qualifier la nouvelle poésie d'Yves de postédénique, par contraste avec l'unité et l'harmonie qui caractérisaient sa genèse poétique.

Cette nouvelle poésie laisse Jean-Louis un peu perplexe, sa réaction hésitante est que « *ça va plus loin* » (Œ2, 587). Ce jugement suggère que les premiers poèmes d'Yves manifestaient une certaine facilité. Mauriac voit le même défaut dans ses propres débuts poétiques :

Les faciles délices d'une sensibilité religieuse me dictèrent *Les Mains jointes*. J'entrai dans la littérature, chérubin de sacristie, en jouant de mon petit orgue. Si Barrès s'émut de ce fade cantique, c'est qu'étonnant sourcier, il y discernait « une note folle de volupté », comme il l'écrivit dans son article de *L'Écho de Paris*.   (Œ2, 787)

Mais il ne faut pas confondre auteur et personnage ici — même les vers moins profonds qu'il découvre au chapitre 4 provoquent l'émerveillement chez Jean-Louis : « *Ça ne ressemble à rien de ce que j'aie jamais lu.* » (570-1) ; et nous avons déjà vu que

53

Binaud attribue un des poèmes d'Yves à Rimbaud. Plutôt que le jeune Mauriac, Yves rappelle donc Augustin, héros de *Préséances*, qui est censé avoir « *réinvent[é] la poésie* » (*Œ1*, 420). Ces deux poètes fictifs font preuve d'une originalité que leur créateur, à sa grande déception, n'a jamais su égaler.

Le jugement de Jean-Louis — « *ça va plus loin* » (*Œ2*, 587) — suggère qu'il ne faut pas forcément interpréter la chute du poète comme une catastrophe pour sa créativité. Selon Mauriac, « *tout art profond vient d'une dissonance* », et, pour lui, cette dissonance est celle « *du pécheur chrétien* » (*SR*, 49). Dans les *Nouveaux mémoires intérieurs*, il reconnaît que la perte de l'enfance et de l'adolescence le fit souffrir, mais il affirme que « *ce fut l'une des sources de mon inspiration et non, [...], un mal qui immobilise et qui pétrifie* » (*Œ5*, 711). Pour Yves, la perte de l'état de grâce mythique qui accompagne sa naissance poétique n'est donc pas seulement inévitable, mais aussi désirable. C'est l'équivalent littéraire du paradoxe théologique de la chute heureuse[70]. La littérature se nourrit de conflits et de tensions, et ceux-ci ne peuvent exister que dans un monde imparfait.

Malgré le fait que les nouveaux vers d'Yves expriment une « *affreuse douleur* » (*Œ2*, 587), il semblerait que la douleur d'un monde déchu puisse être transmuée en quelque chose de plus heureux grâce à l'alchimie du langage poétique (« *Seule subsistait la joie de l'avoir fixée dans des paroles qu'il croyait éternelles.* »). La perfection de l'art peut donc compenser en quelque sorte l'imperfection de l'expérience. Mais la compensation n'est pas définitive : les trois mots intercalés entre *paroles* et *éternelles* mesurent l'écart qui existe entre la perspective de l'auteur et celle de son héros[71]. Un quart de siècle plus tard, Mauriac développerait plus longuement l'esprit de cette intercalation dans un article où il se moque de l'écrivain qui se considère « *comme un personnage différent de tous les autres, qui se meut d'avance dans une sorte d'éternité temporelle, si l'on peut dire, et qui ne dévisse jamais le capuchon de son stylo sans croire que ce qui va en sortir retentira dans les siècles et dans les cieux* »[72]. Pour sa part, Mauriac propose une conception plus modeste de l'écrivain :

Il ne s'agit pas d'être un auteur mais d'être un homme. Survivre ne dépend pas de nous, ce n'est pas notre affaire. Être un vivant parmi les vivants, voilà ce qui nous concerne, — un vivant qui, jusqu'à la fin, a le pouvoir de se modifier, de devenir tel qu'en lui-même l'éternité le changera, mais aussi de toucher autrui s'il a reçu le don d'agir sur les cœurs et sur les esprits.[72]

La dernière partie de cette citation rappelle le rôle à la fois chrétien et humaniste que Mauriac esquisse pour la littérature dans *Le Romancier et ses personnages* : ce qui légitime à ses yeux l'« *étrange et absurde métier* » (*Œ2*, 860) du romancier est « *cette création d'un monde idéal grâce auquel les hommes vivants voient plus clair dans leur propre cœur et peuvent se témoigner les uns aux autres plus de compréhension et plus de pitié* ». On est très loin ici de la conception plutôt égoïste qu'Yves Frontenac se fait de sa vocation.

La dernière image que nous avons de lui au chapitre 8 du roman le montre courant vers la tanière où il relira les épreuves de ses poèmes. La destination n'est pas insignifiante, car c'est là où il recevra la vocation (divine ?) de se consacrer à l'amour et à la solidarité humaine, en accord avec les sentiments du *Romancier et ses personnages* que nous venons de citer. Comme nous le verrons, ce n'est qu'en acceptant cette vocation que, selon Mauriac, son héros peut être racheté. La joie de la création artistique peut fournir une solution temporaire à la douleur humaine, mais le texte suggère qu'elle n'est pas suffisante : pour le romancier chrétien il existe « une voie infiniment supérieure » (1 Co XII, 31)[73] — celle de l'amour. Mais cette voie n'est révélée à Yves qu'après sa tentative de retrouver le paradis en passant par la voie régressive de la nostalgie.

V

PARADIS RETROUVÉ ?

APRÈS avoir narré la chute de son héros, Mauriac le place
devant deux voies alternatives pour pallier la perte d'un certain état de grâce. La première (que l'on trouve au chapitre 9 du
roman) consiste dans la tentative de reconstruire le paradis perdu
de l'enfance. La seconde (que l'on trouve au chapitre 12) invite
Yves à inscrire son œuvre dans une éthique de l'amour. Comme
c'est souvent le cas dans *Le Mystère Frontenac*, l'importance de
ces événements transcende leur contexte immédiat, car les chemins de la nostalgie et de l'amour représentent deux tendances
fondamentales, et peut-être contradictoires, de l'œuvre mauriacienne.

Ce fut Maurice Barrès qui, dans son article de 1910, avait mis
Mauriac en garde contre la tentation de se complaire dans la nostalgie d'une enfance perdue : « *Il faut quitter d'un pas assuré
notre jeunesse et trouver mieux. Ce n'est pas bien malin d'être
une merveille à vingt ans !* » (*ŒS*, 197). Le jeune poète « *saura-
t-il mûrir ? C'est là le grand problème* », selon Barrès.

Presque un demi-siècle plus tard, cette question continue à
inquiéter l'écrivain :

Ai-je cessé de stagner ? La maison et le parc enchanté du grand Meaulnes
auront été mon milieu natal et je ne m'en suis jamais écarté. Je serai passé
d'un jardin à un autre jardin tout au long de ma vie, remplaçant par un
nouveau paradis modeste ceux de mon enfance qui ont disparu. [...] Entre
la vie et moi, entre les hommes et moi, en dépit des événements, des
guerres, des deuils, fourmi que ne décourage aucune destruction, j'aurai

inlassablement reconstruit cette retraite d'où je distribue de loin aux autres hommes des jugements, des conseils et des blâmes. (*Œ5*, 423)

Mauriac est sans doute trop sévère avec lui-même dans ce passage : son engagement dans les grands drames de son époque fut loin d'être négligeable, surtout à la suite de la guerre d'Espagne. Et il faut rappeler que pendant la composition du *Mystère Frontenac*, quand sa nostalgie fut particulièrement forte, il travaillait en même temps sur les articles qui, plus tard, formeraient le premier tome de son *Journal* — le texte qui marque le début d'une période d'activité journalistique accrue qui durerait jusqu'à sa mort. C'est comme si la composition du roman encouragea l'auteur à élargir ses horizons en tant qu'écrivain.

Dans son compte rendu des *Mains jointes*, Barrès définissait ainsi l'imagination mauriacienne : « *Elle ne va pas volontiers devant elle, mais revient toujours en arrière, un peu craintivement, ce me semble, pour écouter et réveiller les voix de son enfance et pour trouver au milieu d'elles de la sécurité.* » (*Œ5*, 194-5). On pourrait en dire autant de l'auteur du *Mystère Frontenac* ; à cette nuance près qu'en 1932 il réveille « les voix de son enfance » non seulement pour les célébrer, mais aussi pour les critiquer. La quête de la sécurité enfantine s'avère problématique chez Mauriac, d'où la nécessité pour l'auteur de s'orienter plutôt vers le présent et l'avenir. Cela est particulièrement évident au chapitre 9 du roman qui raconte la tentative désespérée des jeunes Frontenac de recréer le paradis perdu de l'enfance. Cet épisode on ne peut plus nostalgique pourrait être considéré comme un condensé des intentions de Mauriac lui-même en écrivant le roman. Pourtant, en mettant ainsi en relief ses propres désirs, Mauriac est obligé de les voir d'un œil critique et de faire face aux effets éventuellement délétères d'une nostalgie excessive. Une analyse attentive du chapitre 9 et de ses suites révélera l'insuffisance d'une lecture du roman qui n'y voit qu'une simple célébration du passé. L'ambivalence de l'auteur par rapport à son sujet ressort très clairement de ces pages.

Les événements du chapitre 9 ne sont possibles qu'à cause du départ de Blanche pour soigner sa mère souffrante. Elle est temporairement remplacée par l'oncle Xavier, pour qui « *cette mère, gardienne des derniers Frontenac*, [...] *demeurait* [...] *une demoiselle Arnaud-Miqueu, une personne accomplie, mais venue du dehors* » (Œ2, 555). Pendant son absence les « vrais » Frontenac sont libres de se plonger dans leur mystère familial. Blanche est perçue comme la représentante du principe de la réalité qui met fin à l'assouvissement du désir. En son absence, les adolescents peuvent retomber en enfance.

Le ton du texte commence à changer dès le départ de Blanche. L'esprit poétique, qui pour Mauriac est plus ou moins synonyme de l'enfance, est déjà évident dans la description de la gare où les jeunes Frontenac attendent l'arrivée de leur oncle : « *Des piles pressées de planches fraîches, toutes saignantes encore de résine, cernaient la gare. Les enfants se faufilaient au travers, se cognaient, s'égaraient dans l'enchevêtrement des ruelles de cette ville parfumée.* » (Œ2, 588). C'est l'imagination de l'enfant (poétique dans le sens le plus large du terme) qui transforme des piles de planches en un dédale odorant et qui voit le train sortant des ténèbres comme un « *majestueux joujou* ». Mais, même dans ce contexte ludique, il est impossible d'éluder le monde de la souffrance et de la mort (symbolisé par les maladies de Blanche et de sa mère) : « *Yves assurait que ces planches étaient les membres rompus des pins : déchiquetés, pelés vivants, ils embaumaient, ces corps sacrés des martyrs...* ». La présence de ces images au début d'un chapitre où les adolescents chercheront à ignorer la fuite du temps et à retrouver le monde éternel de l'enfance indique la futilité de tels efforts.

Dès que Xavier descend du train, il participe à une série de rites familiaux dont le but est d'assurer une continuité entre le passé et le présent et d'interrompre ainsi le cours du temps. Le retour de la gare en compagnie de ses neveux et de ses nièces lui est si familier qu'il en anticipe les moindres détails. Après avoir mangé, « *il dut faire le tour du parc, malgré les ténèbres, selon un rite que les enfants ne permettaient à personne d'éluder* » (Œ2, 589). Une de ses nièces lui demande de réciter *Le Méchant faucon et le gentil pigeon* comme il le faisait « *quand ils étaient petits* ». Le lendemain, Jean-Louis lui demande de leur faire des bateaux-phares « *comme autrefois* » (590). Plus tard, les filles lui apportent des branches de vergne pour qu'il leur fasse des sifflets : « *Mais elles exigeaient que l'oncle ne renonçât à aucun des rites de l'opération : pour décoller l'écorce du bois, il ne suffisait pas de la tapoter avec le manche du canif : il fallait aussi chanter la chanson patoise. [...] Les enfants reprenaient en chœur les paroles idiotes et sacrées.* » (591-2). Ces deux adjectifs résument bien le double aspect de tous les rites familiaux : sacrés pour les participants, ils paraîtraient ridicules aux yeux d'un étranger. C'est la raison pour laquelle ils ne peuvent avoir lieu que pendant l'absence de Blanche.

Xavier lui-même est conscient du côté ridicule de ce qu'il fait pour les jeunes Frontenac. Il leur répète maintes fois qu'ils ne sont plus des enfants : « *Mais le miracle était, justement, de tremper encore en pleine enfance bien qu'ils eussent déjà dépassé l'enfance : ils usaient d'une rémission, d'une dispense mystérieuse.* » (Œ2, 589). La présence de ce dernier adjectif suggère que « le mystère Frontenac » lui-même est étroitement associé à cette capacité miraculeuse de faire prolonger l'enfance abolie. En effet, l'incorporation du titre du roman un peu plus loin dans ce chapitre 9 montre bien que l'on est tout près du cœur du mystère familial. Le passage en question est celui qui concerne le rite des bateaux-phares (après avoir transformé une écorce de pin en barque, une allumette-bougie est plantée au centre et le petit bateau est lancé sur la Hure). Ce rite a un sens quasi religieux. Les pins sont souvent associés à la croix dans les romans mauriaciens (voir, par exemple, Œ4, 497). La barque témoigne donc de l'atmosphère catholique dans laquelle les enfants ont été élevés. La flamme de l'allumette-bougie rappelle le symbolisme ecclésiastique qui s'attache aux bougies et aux lampes en général. Le petit bateau est bien un phare, lancé pour accomplir une sorte de voyage missionnaire. Pour les jeunes Frontenac : « *Il fallait croire, c'était un article de foi, que du plus secret ruisseau des landes, le bateau-phare passerait à l'océan Atlantique "avec sa cargaison de mystère Frontenac..."* » (*Œ2*, 590). La reproduction du titre suggère que le bateau-phare peut être considéré comme une métaphore microcosmique du roman entier[74]. Mauriac partage avec les enfants Frontenac le désir de communiquer son mystère familial au monde extérieur. Mais sa foi dans la communicabilité de ce mystère n'égale pas la leur : « [...] *est-ce que tout cela garde un sens, un charme, un mystère pour d'autres que pour moi-même?* », demande-t-il en 1951 (*Œ5*, 828).

Au milieu des rites du chapitre 9, Yves est présenté comme un poète romantique stéréotypé, chantant un air du *Cinq-Mars* de Gounod, s'adressant « *à la nuit comme à une personne, comme à un être dont il sentait contre lui la peau fraîche et chaude, et l'haleine* » (*Œ2*, 591). Cette attitude anthropomorphique est le prélude de la création poétique chez Yves : à minuit, il rallume sa bougie et prend son cahier de vers et un crayon. C'est la seule fois que nous voyions Yves en train d'écrire — encore une indication que, dans ce chapitre, Mauriac veut rendre l'essence poétique de son enfance[75]. Mais comment juger de la qualité de cette poésie? Le ton élégiaque du récit suggère que l'on est loin des vers déroutants qui avaient laissé perplexe Jean-Louis et que Binaud avait attribués à Rimbaud. En effet, le nocturne décrit par Mauriac au chapitre 9 rappelle celui que l'on trouve dans le premier poème de *L'Adieu à l'adolescence*, dont la seconde strophe commence :

> Mon Dieu, mon Dieu, délivrez-moi de mon enfance,
> Elle est comme cet air de Lulli qui m'obsède,
> Dont nos voix emplissaient le parc et la nuit tiède.
>
> (*ŒC*, VI, 368)

Mauriac semble proférer discrètement la même prière au chapitre 9 du *Mystère Frontenac*. Le passé qu'il y évoque est certes charmant, mais sa perpétuation au-delà de l'enfance paraît dangereusement régressive. Quand Yves entonne l'air de Gounod, il le fait « *avec son étrange voix que la mue blessait* » (Œ2, 591). Qu'il le veuille ou non, l'évolution de son corps est en train de l'exiler de l'enfance : il est temps de mûrir. Mauriac se trouva dans une situation analogue pendant la composition du roman. À la suite de l'opération qui avait blessé définitivement sa propre voix, lui aussi cherchait refuge dans le passé. Mais le texte du chapitre 9 du roman indique que la tentation nostalgique lui parut finalement comme une impasse.

répression de la poésie

L'intermède enchanté du chapitre 9 est terminé par le retour de Blanche : « *Fini de rire entre Frontenac.* » (Œ2, 592). L'atmosphère poétique se dissipe également. Comme Xavier, Blanche descend du train de neuf heures, mais la nuit noire et remplie de mystère qui accompagnait l'arrivée de l'oncle est maintenant illuminée par une lune brillante qui semble symboliser le retour de la raison, le triomphe du principe de la réalité. De même, la description de l'arrivée de Blanche est courte et prosaïque, alors que celle de l'arrivée de Xavier était plus longue et plus lyrique.

De retour à la maison, Blanche (comme Joséfa, l'autre femme venue de l'extérieur) constate le côté cruel et exclusif du mystère Frontenac : « *Elle remarqua qu'on l'écoutait peu, qu'il régnait entre les neveux et l'oncle, une complicité, des plaisanteries occultes, des mots à double entente, tout un mystère où elle n'entrait pas.* » (Œ2, 592). Parce qu'elle a perturbé ce mystère, elle est présentée sous les traits de la sorcière des contes de fées : « *Le retour de Blanche dissipa le charme. Les enfants n'étaient plus des enfants.* [...] *Yves eut de nouveau des boutons ; il reprit son aspect hargneux et méfiant.* ». Et pourtant, d'un autre point de vue, le fait que son retour rompe le sortilège semble tout à fait positif. Peut-être donc faut-il lui assigner un rôle alternatif — celui de Blanche-Neige.

Son retour signale la résurgence du conflit entre les valeurs poétiques et celles des Frontenac. Quand les poèmes d'Yves paraissent dans le *Mercure*, il se décide finalement à les montrer à Blanche et à Xavier, mais ils les voient d'un œil défavorable (*Œ2, 592-3*). Un peu plus loin, mais toujours dans le même climat de conflit familial, Yves se laisse emporter par ses sentiments antibourgeois et finit par insulter son oncle. Blanche le somme de quitter la maison :

L'étrange était qu'à ses yeux, ni sa mère, ni son oncle, ne sortaient amoindris du débat. [...] Maman, oncle Xavier, demeuraient sacrés, ils faisaient partie de son enfance, pris dans une masse de poésie à laquelle il ne leur appartenait pas d'échapper. Quoi qu'ils pussent dire ou faire, songeait Yves, rien ne les séparerait du mystère de sa propre vie. Maman et oncle Xavier blasphémaient en vain contre l'esprit, l'esprit résidait en eux, les illuminait à leur insu. (*Œ2, 595*)

Le manuscrit ajoute : «*Ainsi un enfant poète divinisait ses proches* [trois mots illisibles] *les transfigurait.*» (1267). L'imagination transfiguratrice du poète les absout du blasphème contre l'esprit poétique. Pour Mauriac, nous l'avons déjà vu, ce pouvoir de transfiguration est essentiellement un don d'enfance. Mais Yves est un enfant déchu qui a lui-même blasphémé contre l'esprit de la famille en insultant son oncle. Lui aussi a besoin d'absolution : «*Comment rentrer en grâce ?*» (595), se demande-t-il. C'est l'esprit de l'enfance «pure» — préservé dans son for intérieur — qui lui fournit le moyen : «*Yves désespérait de trouver aucune parole ; mais l'enfant qu'il était encore, vint à son secours ; d'un brusque élan, il se jeta au cou de son oncle sans rien dire, et il l'embrassait en pleurant* [...].» (596). C'est le retour de l'enfant prodigue. Mais même ici, l'attitude de l'auteur reste ambiguë, car le retour au bercail de son héros est suivi d'une image qui évoque le côté oppressif de la vie familiale : «*L'immense réseau de la pluie se rapprochait, comme un filet qui l'eût rabattu dans ce petit salon enfumé — rabattu à jamais.*»[76].

Le procès de la famille continue. Jean-Louis reconnaît qu'il est en train de renoncer à sa propre conception du *bonheur* en faveur de la conception familiale du *devoir*. Pour Yves, le mot *devoir* a un sens complètement différent : il s'agit du devoir « *envers ce que nous portons, envers notre œuvre. Cette parole, ce secret de Dieu déposé en nous et qu'il faut délivrer... Ce message dont nous sommes chargés* » (*Œ2*, 596). Le fait qu'Yves parle « *avec un peu d'emphase* » suggère que Mauriac se moque légèrement du sérieux de son jeune héros, mais celui-ci ne fait que répéter les sentiments que l'auteur lui-même exprime dans un article contemporain de la composition du roman : « *Tout se passe comme si les poètes avaient une mission particulière, un exemple à donner et que seuls ils peuvent donner* [...]. *Tous,* [...], *ils attestent la grandeur de l'âme humaine, sa vocation divine.* » (*ŒC*, XI, 41). Nous aurons lieu de revenir à ces idées.

Malgré la différence manifeste entre leurs conceptions du devoir, il est évident des chapitres que nous venons d'analyser que la poésie d'Yves dépend étroitement de son milieu familial (c'est-à-dire du « mystère Frontenac »). Yves se jure de ne jamais capituler devant la pression familiale comme l'a fait Jean-Louis :

Mais en même temps qu'il s'excitait contre les siens, Yves savait obscurément que lui, lui seul s'attachait follement à l'enfance. [...] Le roi des Aulnes n'arrache pas les enfants Frontenac à leur enfance, mais il les empêche d'en sortir ; il les ensevelit dans leur vie morte ; il les recouvre de souvenirs adorés et de feuilles pourries. (*Œ2*, 598)

Selon Pierre Brunel, la légende du roi des Aulnes, qui est « *si cruelle dans la ballade de Goethe* », est « *si douce dans* Le Mystère Frontenac »[77]. Est-ce vraiment le cas ? Dans la ballade de Goethe, la voix séduisante de l'*Erlkönig* cache une rhétorique de violence qui aboutit à la mort de l'enfant. Bien que la violence soit absente de la version mauriacienne, elle est remplacée par un étouffement tout aussi pernicieux. Le caractère dangereusement séduisant de la voix du roi des Aulnes a son équivalent dans la référence à des « *souvenirs adorés* » (*Œ2*, 598). La vraie différence entre la version mauriacienne de la légende et celle de Goethe est le fait qu'Yves suit *de plein gré* le roi des Aulnes dans son royaume « *trop connu* ». Le manuscrit révèle que Mauriac avait d'abord écrit ces passages à la première personne du pluriel (1268). On peut donc les lire comme une indication de sa propre ambivalence à l'égard de l'attrait du passé.

Cette ambivalence est le thème dominant des chapitres 9 et 10 du *Mystère Frontenac*. La reconstitution du passé permet au poète déchu et à l'auteur convalescent d'oublier leurs préoccupations présentes. Mais dès que l'auteur se plonge dans ce passé désiré, il commence à se rendre compte de son aspect restrictif. Mais s'il veut le transcender, il s'exposera de nouveau au sentiment d'être exilé qui, au départ, avait provoqué son retour au passé. *Le Mystère Frontenac* exemplifie ainsi le cercle vicieux dans lequel s'inscrit toute l'œuvre mauriacienne. Comment en sortir ? C'est la question qu'il se pose au chapitre 12.

VI

VOCATION

L A tentative de regagner le paradis perdu par la voie de la nostalgie s'avère donc insatisfaisante. Au chapitre 12, Mauriac explore une autre possibilité pour le rachat poétique de son héros. La voix mystérieuse qui s'adresse à Yves dans ce chapitre l'invite à mettre son art au service de l'amour, une conception de la création qui, nous l'avons déjà indiqué, s'accorde bien avec celle que l'on trouve dans *Le Romancier et ses personnages* (l'essai publié juste avant *Le Mystère Frontenac*). On peut donc considérer cette partie du roman comme une transposition du débat sur le rôle de l'écrivain catholique qui tenaillait Mauriac à cette époque, mais qu'il n'arriva jamais à résoudre.

Nous avons déjà vu que le texte commence à souligner la condition déchue du poète dès la fin du chapitre 4. Une des indications les plus claires de l'évolution d'Yves se trouve juste avant sa vocation. Sa mère a organisé un déjeuner pour la famille et quelques amis. Deux des invités — Dussol et Cazavieilh — sont présentés assez cruellement par l'auteur de *Préséances* comme des bourgeois philistins et positivistes, obsédés par la technologie et l'argent. Ces deux hommes incarnent tout ce qu'Yves déteste dans sa caste. Pendant qu'ils remontent vers la maison, Yves est soudainement « *envahi par un désir à la fois horrible et enivrant : tirer dessus, en traître, par derrière. Pan ! dans la nuque, et ils s'effondreraient* » (*Œ2*, 601). Ce désir meurtrier montre à quel point Yves est éloigné des valeurs de sa famille et de l'esprit de charité qu'il sera prochainement appelé à servir.

Après le déjeuner, Yves fuit vers son repaire : « [...] *des ajoncs, que les landais appellent des jaugues, des fougères hautes comme des corps humains, l'enserraient, le protégeaient. C'était l'endroit des larmes, des lectures défendues, des paroles folles, des inspirations ; de là il interpellait Dieu, il le priait et le blasphémait tour à tour.* » (*Œ2*, 604-5). Dans cet espace utérin — ce « *nid de jaugues* » (605) — Yves recherche la protection qu'il avait connue dans la chambre de la mère. Les deux nids sont pourtant séparés par le récit de sa chute : dans son repaire, sa condition déchirée est plus évidente que jamais. Ses larmes, ses inspirations et ses prières témoignent de sa grandeur dans le sens pascalien du terme, alors que ses lectures défendues, ses paroles folles et ses blasphèmes renvoient à sa misère. Le fait que ces deux séries d'activités aient lieu « tour à tour » illustre les tensions violentes auxquelles il est livré. S'il veut surmonter cette matrice de conflits, il doit effectuer un choix : ou bien embrasser Dieu, ou bien Le rejeter. Tel est le sens de l'épisode de la voix mystérieuse : Yves est mis devant la nécessité de choisir.

La scène commence quand Yves jette une fourmi dans un des petits entonnoirs creusés par un fourmi-lion et contemple les efforts de la victime pour échapper. Aux yeux du poète, ce drame naturel revêt un sens symbolique : « [...] *penché sur ce mystère minuscule, [il] se posait le problème du mal. [...] Ce cauchemar faisait partie du Système...* » (*Œ2*, 605). Il y voit donc une image de la cruauté et de la souffrance humaines. Bien sûr, c'est Yves lui-même qui initie le cauchemar en jetant la proie dans l'entonnoir du fourmi-lion et cette action soulève implicitement des questions quant à la part de la responsabilité divine dans le mystère du mal. N'étant pas philosophe, Mauriac préfère ne pas aborder ce problème épineux[78]. Il se contente plutôt d'évoquer l'image du Dieu chrétien triomphant du mal par l'amour. Après avoir livré la fourmi au fourmi-lion, Yves délivre la proie du prédateur en déterrant celui-ci avec une aiguille de pin. Comme nous l'avons déjà vu, Mauriac associe le pin à la Croix, le moyen par lequel, selon le christianisme, le mal et la mort peuvent être vaincus. Déterré, le fourmi-lion n'est qu'une «*petite larve molle et désormais impuissante*», description qui rappelle le verset biblique selon lequel le Christ endura la croix «afin de réduire à l'impuissance, par sa mort, celui qui a la puissance de la mort» (He II, 14). Tout d'un coup Yves se rend compte de l'importance de l'exemple du Christ :

Eût-il été le seul humain respirant à la surface de la terre, il suffisait à détruire la nécessité aveugle, à rompre cette chaîne sans fin de monstres tour à tour dévorants et dévorés ; il pouvait la briser, le moindre mouvement d'amour la brisait. Dans l'ordre affreux du monde, l'amour introduisait son adorable bouleversement. C'est le mystère du Christ et de ceux qui imitent le Christ. (*Œ2*, 605)

Son désir précédent d'abattre Dussol et Cazavieilh faisait d'Yves un «monstre dévorant» en puissance. Maintenant il est conscient de la «voie infiniment supérieure» de l'amour (1 Co XII, 31).

D'où vient cette révélation — de l'intérieur ou de l'extérieur? Le texte est ambigu là-dessus. Tout de suite après la référence au mystère du Christ que nous venons de citer, la voix se fait entendre : «*Tu es choisi pour cela... Je t'ai choisi pour tout déranger...*» (*Œ2*, 605). Ne voulant pas accepter cette élection, Yves affirme : «*C'est moi-même qui parle...*». Et Mauriac d'ajouter : «*C'est toujours nous-mêmes qui parlons à nous mêmes...*». Le but de cette remarque est-il de confirmer l'intériorité de la voix ou d'ironiser sur le refus d'Yves d'en accepter l'extériorité? Encore une fois le texte semble délibérément ambigu[79]. Il est possible que cette ambiguïté reflète l'incertitude du jeune Mauriac quant à sa propre vocation. Dans le *Bloc-notes*, il se souvient de l'affinité qu'il éprouvait comme étudiant pour le Moïse de Vigny, «*qui souffre d'être l'élu du Tout-Puissant. [...] J'avais le sentiment confus d'une élection, moi aussi, et qui créait autour de mon destin une aura de solitude*» (*BN3*, 494). Cette confusion témoigne de l'incertitude profonde de Mauriac quant à son rôle d'écrivain chrétien.

On pourrait interpréter l'appel de la voix dans *Le Mystère Frontenac* comme une vocation au sacerdoce. Le concept d'élection qui imprègne le message de la voix — « *Je t'ai choisi, je t'ai mis à part des autres, je t'ai marqué de mon signe.* » (Œ2, 606) — indique certes quelque rôle hiératique. De même, l'idée de solitude évoquée dans le passage du *Bloc-notes* que nous venons de citer, et que Mauriac associe volontiers au sacerdoce (dans *Thérèse Desqueyroux* (68) par exemple), est présente, elle aussi, dans ce que dit la voix : « *Toujours je la recréerai autour de toi.* » (606). Et bien qu'Yves cherche à refouler ce qu'il entend, on le voit jouant un rôle sacerdotal un peu plus loin dans le chapitre.

Après avoir reçu sa vocation, Yves rencontre sa mère sur le chemin de retour à la maison. Souffrante et inquiète quant à l'avenir, elle lui demande si, au ciel, on pense encore à ceux qu'on a laissés sur la terre : « *Alors, Yves lui affirma que tout amour s'accomplirait dans l'unique Amour, que toute tendresse serait allégée et purifiée de ce qui l'alourdit et de ce qui la souille... Et il s'étonnait des paroles qu'il prononçait.* » (Œ2, 608). Pourquoi ? Sans doute parce qu'elles lui semblent émaner d'une source externe. Yves sert-il de porte-parole à la voix mystérieuse qu'il vient de rejeter ? Quoi qu'il en soit, son rôle quasi sacerdotal ne dure pas longtemps. Rassurée, Blanche lui prend le bras et lui dit que, de tous ses enfants, « *il est le plus près de Dieu* ». Irrité, il se détache brusquement de sa mère et la laisse s'essouffler à le suivre. C'est la confirmation qu'il a refusé l'appel à l'amour.

La voix mystérieuse se fait entendre une seconde fois dans l'avant-dernier chapitre du roman. Entre-temps Yves s'est fait une belle réputation littéraire à Paris, mais il a l'impression d'avoir raté sa vie. La voix l'encourage à revenir sur ses pas, mais Yves continue à s'opposer à ce qu'elle lui propose :

« Et pourtant, tu le sais, insistait la voix, tu avais été créé pour un travail épuisant et tu t'y serais soumis, corps et âme, parce qu'il ne t'eût pas détourné d'une profonde vie d'amour. Le seul travail au monde qui ne t'aurait diverti en rien de l'amour — qui eût manifesté, à chaque seconde, cet amour, — qui t'aurait uni à tous les hommes dans la charité...» Yves secoua la tête et dit : «Laissez-moi, mon Dieu.»[80]   (Œ2, 665)

Jacques Petit semble suggérer que c'est une vocation au sacerdoce qu'Yves refuse ici (1296). Une telle interprétation est bien possible, mais elle n'est pas appuyée par la version primitive de la scène. Dans le manuscrit, c'est une vocation littéraire qui est envisagée[81] : Yves est appelé à mettre sa foi au cœur de tout ce qu'il écrit. Les paroles attribuées à une voix divine dans la version définitive sont prononcées par Yves dans la version antérieure :

Ma création c'eût été un travail de toutes les secondes qui ne m'eut [sic] pas détourné d'une profonde vie d'amour, le seul travail au monde qui n'eût pas été divertissement, mais issu directement de l'amour, qui ne fît qu'un avec l'amour, qui fût l'expression de cet amour même et qui me mît en communication avec les hommes dans la charité...   (Œ2, 1293)

Cette conception de l'écriture est celle de Mauriac depuis sa « conversion ». Mais Yves, lui, refuse de consacrer sa vie et sa création à l'amour[82]. Implicitement, c'est la raison pour laquelle sa vie tant privée que professionnelle se solde par un échec[83].

choix

Cet échec est déjà prédit par la voix mystérieuse du chapitre 12 :

Tu es libre de traîner dans le monde un cœur que je n'ai pas créé pour le monde ; — LIBRE DE CHERCHER SUR LA TERRE UNE NOURRITURE QUI NE T'EST PAS DESTINÉE — libre d'essayer d'assouvir une faim qui ne trouvera rien à sa mesure : toutes les créatures ne l'apaiseraient pas, et tu courras de l'une à l'autre...   (Œ2, 606)

L'expression en petites capitales fait allusion à la philosophie de Ménalque dans *Les Nourritures terrestres*, livre qui exerça une influence profonde sur Mauriac et sa génération. André Rous-

71

seaux va jusqu'à répertorier de nombreux extraits du texte de Gide qui, à son avis, durent laisser une impression sur le jeune Mauriac[84]. Comme le fait remarquer à juste titre Jacqueline Morton : « *Le poids de Gide, "l'opposant toujours là", sur la pensée mauriacienne ne saurait être surestimé.* »[85].

La pensée gidienne (ou ménalquienne, pour être plus exact) joue ce rôle antagoniste dans le passage du *Mystère Frontenac* cité plus haut : la nourriture terrestre qu'Yves est libre de chercher n'est pas le régime qu'il lui faut. La critique mauriacienne de la pensée de Ménalque est encore plus claire dans la prière d'insérer où le romancier cite le cri célèbre de Ménalque — « *Familles, je vous hais !* »[86] — et y répond (pas tout à fait sans ambiguïté) par : « *Famille, malgré tout, sois à jamais bénie, remerciée et aimée.* »[87].

Commentant la correspondance entre Claudel et Gide, Mauriac demande : « *Quel chrétien de vingt ans ne fut alors partagé entre deux tentations : celle du Dieu de Claudel et de son exigeant amour, celle du monde délicieux où "tout est permis" ?* » (p.181[88]). C'est précisément le choix devant lequel Mauriac met Yves Frontenac au chapitre 12 du roman. Mais le poète ne veut pas choisir. Le soir de son refus de la voix mystérieuse, il boit encore du vin au cours du dîner, réfléchit aux événements de l'après-midi et élabore une nouvelle « doctrine » :

Sa demi-ivresse lui donnait, à bon compte, la sensation du génie ; il ne choisirait pas, rien ne l'obligerait au choix : il avait eu tort de dire « non » à cette voix exigeante qui était peut-être celle de Dieu. Il n'opposerait à personne aucun refus. Ce serait là son drame d'où naîtrait son œuvre ; elle serait l'expression d'un déchirement. Ne rien refuser, ne se refuser à rien. Toute douleur, toute passion engraisse l'œuvre, gonfle le poème. Et parce que le poète est déchiré, il est aussi pardonné :
Je sais que Vous gardez une place au poète
Dans les rangs bienheureux des saintes légions...   (*Œ2*, 609-10)

Puisque cette doctrine s'inspire d'un excès de vin, on est en droit de supposer que l'auteur ne donne pas son assentiment à cette sotériologie tirée en partie du poème baudelairien. Mauriac lui-même affirme avoir découvert la nécessité du choix dans les livres de Gide (p.186[88]), mais ce qui l'inquiète est la pensée qu'il n'y a jamais vraiment répondu.

Gide, quant à lui, était tout à fait conscient de l'ambivalence de Mauriac dans ce domaine et, dans une lettre du 7 mai 1928, le loue (assez malicieusement) de « *ce compromis rassurant qui permet d'aimer Dieu sans perdre de vue Mammon* » (Œ2, 833). La réponse de Mauriac fut l'essai *Dieu et Mammon*, mais juste avant la publication de celui-ci, il écrivit à Gide le 5 février 1929 :

Vous demeurez pour moi, au sens le plus noble du mot, l'adversaire, celui qui aurait pu me vaincre, qui pourrait me vaincre. [...] Vous m'aidez à prendre conscience de moi-même. Votre pensée m'a toujours servi de repère. (p.80[88])

Gide continue à jouer ce rôle au chapitre 12 du *Mystère Frontenac* où l'adversaire réussit implicitement à convertir l'alter ego du romancier. Les conséquences de la décision du héros de suivre une philosophie ménalquienne sont développées dans la deuxième partie du roman. Mais, en fin de compte, plutôt qu'à Ménalque, Yves ressemble à l'image que son créateur se fait de Gide lui-même, car il n'oubliera jamais la voix divine qui l'a appelé. Yves illustre donc une remarque qu'on trouve dans « Bonheur du chrétien » et qui vise implicitement le vieil adversaire : « *Mais Dieu peut être, Lui aussi, l'objet d'un patient refoulement.* » (Œ5, 142). Ce qui est refoulé peut toujours revenir à la surface et c'est ce qui arrive dans le dernier chapitre du *Mystère Frontenac* après que l'auteur, se sentant sans doute coupable de sa propre inconstance, a infligé à son héros des « punitions » pour avoir refusé le choix exclusif de Dieu.

échec

La première partie du *Mystère Frontenac* se termine par une des anticipations caractéristiques de l'art mauriacien. La destinée du poète sera de plus en plus marquée par le déclin. Yves trahira les deux aspects de sa vocation : le dévouement à son art et l'attachement aux autres dans l'amour. Il continuera à écrire, il est vrai, mais de façon très irrégulière. La qualité de ce qu'il écrit n'est jamais en question : ses poèmes rencontreront un grand succès, mais il aura de plus en plus de mal à exploiter son talent : « *Plus sa poésie rallierait de cœurs, et plus il se sentirait appauvri ; des êtres boiraient de cette eau dont il devait être seul à voir la source se tarir.* » (Œ2, 611). Yves jouira de la gloire littéraire dont il avait rêvé, mais au prix du tarissement de sa source poétique. Le langage du passage que nous venons de citer présente un contraste saisissant avec les paroles du Christ à la Samaritaine devant le puits de Jacob : « Quiconque boit de cette eau aura soif à nouveau ; mais qui boira de l'eau que je lui donnerai n'aura plus jamais soif ; l'eau que je lui donnerai deviendra en lui source d'eau jaillissant en vie éternelle » (Jn IV, 13-14). C'est l'eau qu'Yves avait choisi de refuser plus tôt dans le chapitre, et la proximité de ce refus avec le constat de son échec comme poète nous encourage à voir un rapport de cause à effet entre les deux.

L'avenir du poète sera dominé par le sentiment de la honte — « *cette honte de survivre pendant des années à son inspiration ; d'entretenir par des subterfuges sa gloire* » (Œ2, 611) — et, nous l'avons déjà indiqué, cette émotion pourrait être considérée comme particulièrement caractéristique de la condition postédénique. Son subterfuge principal sera un Journal dans lequel il racontera son échec comme poète : « [...] *il s'y résignerait, n'ayant plus rien écrit, depuis des années. Et ces pages atroces sauveraient la face ; elles feraient plus pour sa gloire que ses poèmes ; elles enchanteraient et troubleraient heureusement une génération de désespérés.* ». Loin de s'unir aux autres dans l'amour par ce qu'il écrit, la relation entre Yves et son public sera fondée sur un désespoir commun. Cette « *génération de désespérés* » représente sans doute la génération surréaliste. Même s'il ne les cite pas nommément, il est évident qu'ils sont « *les désespérés* » dont il est question dans *Le Jeune homme* (686-687, 711). Étant donné l'écart entre Mauriac et les Surréalistes dans presque tous les domaines, on ne s'étonnera guère de ses propos cinglants vis-à-vis du groupe : « *Dans les arts surtout, le jeune renard à la queue coupée triomphe : il se fait gloire de ce qui lui manque et propose à notre admiration un néant qu'il veut que nous croyions l'objet de sa recherche.* » (687). Yves aussi tire gloire de ce qui lui manque, mais cette réussite superficielle cache à peine un sentiment profond de l'échec.

L'échec est un thème récurrent des romans mauriaciens mettant en scène un écrivain, qu'il s'agisse de Marcel Revaux, de Pierre Costadot ou d'Alain Gajac. Jacques Petit analyse ce « *fantasme* » (*Œ4*, 1455) dans son édition du *Mystère Frontenac* et en propose plusieurs explications, y compris les regrets de Mauriac lui-même de n'avoir jamais été reconnu comme poète, ainsi que l'influence de son « *éducation janséniste* » (*Œ2*, 1239). Ces explications sont tout à fait plausibles, mais il nous semble qu'il y a un élément supplémentaire dont il faut tenir compte pour bien mesurer la signification du fantasme dans le contexte du roman de 1932 : le sentiment qu'avait Mauriac de voir s'épuiser ses forces créatrices. Il aborde le problème de façon très honnête dans *Les Maisons fugitives* :

Peut-être ai-je trop donné de ma propre substance aux personnages de mes romans... Peut-être ai-je mis en coupe réglée les propriétés de mon enfance, en ai-je capté les atmosphères avec trop d'application. Il ne me reste plus aujourd'hui qu'une matière appauvrie, épuisée, qui ne m'attendrit même plus, et qui parfois m'irrite.   (*Œ3*, 908)

Ces paroles datent de la fin des années Trente, mais il avait commencé à réfléchir au problème du tarissement de la source bien avant. Déjà, dans la section de *Commencements d'une vie* intitulée « Bordeaux ou l'adolescence » (qui date de 1925), il regrette que sa province ait fait de lui « *une mule aux yeux crevés pour moudre son grain* » (*Œ5*, 106). C'est une métaphore qui évoque l'asservissement et la répétition fastidieuse. Quelques années plus tard Mauriac revient au problème dans *Dieu et Mammon* :

L'auteur qui renonce à écrire, c'est peut-être qu'il n'avait plus rien, comme on dit, dans le ventre ; c'est qu'il ne lui restait qu'à se répéter, qu'à s'imiter lui-même — ce que font d'ailleurs la plupart des écrivains sur le retour qui, après avoir donné tout ce qu'on attendait d'eux, après s'être délivrés de leur message, continuent leur ponte régulière parce qu'ils ont du métier et parce qu'enfin il faut vivre. (*Œ2*, 807)

Jacques Petit suggère que Mauriac a lui-même connu cette crainte de l'auto-imitation dans sa vieillesse (1353), mais il nous semble probable que derrière la troisième personne du passage que nous venons de citer, cette crainte s'ébauche déjà chez l'écrivain. Dans *Le Romancier et ses personnages*, il aborde la question directement. Après l'affirmation qu'il lui faut toujours situer ses romans dans les lieux où il a vécu, vient l'aveu suivant : « *Cette nécessité me condamne à une certaine monotonie d'atmosphère que, dans mon œuvre, on retrouve presque toujours la même* [...]. » (842). Malgré cette limitation topographique, il pense, quant à lui, que l'essentiel pour un écrivain est de « *se renouveler en profondeur* » (853), sans forcément changer de plan. Il semble convaincu de l'originalité de sa propre œuvre. Mais, quelques pages plus loin, le ton change : « [...] *notre œuvre meurt souvent avant nous-mêmes et nous lui survivons, misérables, comblés d'honneurs et déjà d'oubli.* » (857). Est-on en droit de voir, là aussi, l'ombre d'une profonde angoisse personnelle ?

Dans les années qui précédèrent la composition du *Mystère Frontenac*, il est évident que Mauriac fut préoccupé par la question de la stagnation créatrice. Rien d'étonnant donc si elle devait s'exprimer dans le plus personnel de ses romans. Lu par rapport au problème de l'autorépétition, *Le Mystère Frontenac* doit être considéré comme un aveu d'impuissance. Les décors, les thèmes et les images du roman rappellent ceux des œuvres précédentes. Ce qui le distingue finalement de celles-ci est peut-être moins le ton plus léger que la tentative de la part de l'auteur de faire face au problème de l'autorépétition. À travers Yves, on voit le désir de Mauriac de se libérer des influences du passé ; mais, faisant preuve d'une honnêteté admirable, l'auteur semble reconnaître qu'une telle libération reste irréalisable. Comme les jeunes Frontenac il est « *ensevel[i] dans [sa] vie morte* [...] *recouv[ert] de souvenirs adorés et de feuilles pourries* » (*Œ2, 598*). Mais, en faisant face à ses limitations, Mauriac prépare la voie du renouvellement. *Le Mystère Frontenac* est un texte testamentaire non seulement dans le sens que Mauriac l'a écrit sous la menace de la mort. Il marque aussi le début d'un adieu prolongé au roman. Mauriac n'arrête pas d'écrire des romans après *Le Mystère Frontenac*, mais son rythme de production commence à ralentir. Entre 1922 et 1932 il publie presque deux fois plus de romans et de récits qu'entre 1932 et 1942 ; le ralentissement s'accentue d'autant plus par la suite. Malgré l'élargissement de ses horizons romanesques signalé par *Les Anges noirs, Les Chemins de la mer* et *La Pharisienne*, Mauriac a préféré s'investir davantage dans le théâtre et, particulièrement, dans le journalisme. En fait, Mauriac avait commencé sa carrière de journaliste peu de temps après son arrivée à Paris en 1907, mais l'on n'a qu'à consulter les bibliographies établies par Keith Goesch pour voir que ce fut surtout à partir de 1932 que le journalisme commença à occuper une place très importante dans sa vie d'écrivain[89]. Est-ce un pur hasard si cette activité journalistique accrue coïncide avec la composition du *Mystère Frontenac* ? On dirait qu'en affrontant le risque d'une stérilité potentielle dans le domaine de la fiction, Mauriac réussit à se libérer pour une autre forme d'activité.

VII

EXIL

E N tête de la seconde partie du *Mystère Frontenac* se trouve une épigraphe de Rimbaud : « *Que les oiseaux et les sources sont loin ! Ce ne peut être que la fin du monde, en avançant.* » (*Œ2*, 612). Ces paroles, tirées d'un poème des *Illuminations* intitulé « *Enfance* », suggèrent que nous avons à jamais quitté la scène rurale de la genèse poétique d'Yves. Désormais, le mythe du poète se déroulera sous l'égide rimbaldienne plutôt que guérinienne. La citation d'« *Enfance* » implique également que le roman s'orientera vers un point culminant quasi apocalyptique. C'est en effet ce qui arrive, mais alors que « la fin du monde » a des associations exclusivement cataclysmiques dans le poème de Rimbaud, le roman mauriacien s'inspire de la tradition chrétienne selon laquelle la fin du monde n'est que le prélude à « un ciel nouveau, une terre nouvelle » (Ap xxi, 1). Pourtant, ce basculement miraculeux ne se produit qu'au dernier paragraphe du roman. Dans l'ensemble, la seconde partie du *Mystère Frontenac* se caractérise par une atmosphère d'exil et de perte. La désagrégation de la famille en est la première indication : José est éloigné de Bordeaux à cause de ses dettes (*Œ2*, 613), avant de mourir dans les tranchées de la guerre de 1914–1918 (619) ; le mariage de Jean-Louis ne s'est guère avéré idyllique (620-1) ; Blanche a dû quitter l'appartement familial (615) ; ses enfants commencent à la trouver fatigante à vivre (622) ; et Yves s'est installé à Paris (614).

Nous avons suggéré que le mythe du poète chez Mauriac s'inspire des grandes étapes du récit biblique. Ayant analysé la genèse poétique d'Yves, sa chute d'un état de grâce, son exclusion du paradis de l'enfance et son refus d'une élection divine, nous allons maintenant considérer son exode.

. Après être sortis d'Égypte, les Israélites auraient dû monter directement « vers une terre qui ruisselle de lait et de miel » (Ex III, 8). Mais parce qu'« ils n'avaient pas obéi à la voix de Yahvé » (Jos V, 6), ils passèrent quarante ans dans le désert. C'est cet énorme détour qui a donné son nom au livre de l'Exode dans la traduction grecque de la Bible hébraïque (*ex* : « hors de » ; *hodos* : « chemin, route, voie »). Yves est appelé à suivre « une voie infiniment supérieure » : celle de l'amour. Mais plutôt que d'accepter cette vocation, il préfère rejeter la voix et suivre « *toutes ces routes barrées qui lui avaient été prédites, toutes ces passions sans issue* » (*Œ2*, 665). Loin d'être une libération, son déplacement à Paris ne fait qu'exacerber le sentiment d'exil qu'il éprouvait déjà à Bordeaux. Implicitement, c'est son refus d'écouter « la voix de Jahvé » qui entraîne son exil dans le désert de l'amour.

En apparence Yves réussit sa vie littéraire dans la capitale : il a reçu une lettre d'encouragement de Gide (*Œ2*, 614), Thibaudet a loué ses poèmes (615) et il a rencontré Barrès (623). Mais, malgré ces succès, Blanche n'est pas rassurée. Elle ne croit pas qu'il travaille de manière constructive et elle s'inquiète pour les mœurs de son fils (615). Mauriac lui-même lie les mots *dérèglement* et *paresse* en rappelant ses propres débuts à Paris (*Œ5*, 33). Une relation entre le désœuvrement et un manque de convictions religieuses ou politiques se révèle aussi dans la lettre qu'Yves écrit à Jean-Louis (du moins telle qu'elle parut dans *La Revue de Paris* ; le passage suivant ne fut pas retenu dans le texte définitif du roman) :

Je puis bien m'amuser, ma copie est remise ; comme au temps du collège, je me suis dépêché de finir mon devoir pour aller jouer. Oui, ma copie est remise ; je suis libre et sans souci d'avenir. Je n'ai peut-être plus rien dans le ventre ; mais j'ai encore dans un tiroir, huit poèmes qui ont été écrits à Bordeaux, que tu ne connais pas, que je fignole ; ils paraîtront au compte-gouttes. [...] Ne va pas croire surtout que je sois d'un modèle courant : si tu venais vivre ici, tu aurais vite fait d'y trouver tes semblables ; qu'ils écoutent Sangnier, qu'ils suivent Maurras ou Péguy, ils se ressemblent tous, ils disent qu'ils veulent servir, se donner, ils se préparent à ils ne savent quoi ; ils tiennent leur lampe allumée, comme si l'époux était déjà aux portes... *(Œ2, 1278)*

Cet extrait renforce la prophétie d'un échec poétique prononcée à la fin de la première partie du roman. Exilé de ses origines poétiques, Yves doit vivre des huit poèmes qu'il a apportés de Bordeaux. Ils représentent les dernières gouttes d'une source à sec. Ce n'est pas un hasard que ces images d'une stérilité créatrice sont opposées à des références au service et au sacrifice, car Yves avait été appelé à faire siennes ces valeurs au chapitre 12. Encore une fois, un lien implicite est établi entre son refus de cette vocation et son échec comme poète.

Mauriac ne suggère pas que le seul fait de s'installer à Paris soit nuisible à la créativité. Dans un sens, ce déménagement était inévitable, car, selon lui : « *À Bordeaux, nul réfractaire ne saurait vivre* [...]. *À un garçon dont le crime est d'être inclassable, qu'aucune profession ne limite, qui ne conçoit pas les hiérarchies du monde, rien ne reste que de fuir.* » *(Œ5, 101)*. Bien que le romancier lui-même (tout comme son héros) ait souffert d'un sentiment de déracinement lors de son arrivée dans la capitale[90], cette expérience le rendit plus conscient de ce qu'il avait quitté et du fait que son passé bordelais constituait un important capital littéraire. Il savait « *qu'il ne [lui] resterait rien d'autre à faire dans la vie que d'utiliser cette réserve inépuisable, tout ce miel amer de Guyenne accumulé en [lui]* » *(PPR, 347)*. Quoique conscient du danger pour son œuvre d'une immersion nostalgique dans le passé, Mauriac savait que son imagination puiserait toujours son inspiration dans ses souvenirs personnels et qu'il ne fallait donc pas négliger sa source créatrice. Mais son héros ne retient pas cette leçon, passant directement d'une vaine tentative de recréer le paradis de son enfance à un exil voulu de ses origines tant poétiques que familiales.

Yves décide de raturer la partie de sa lettre décrivant son expérience des salons littéraires, car il ne pense pas que ce récit puisse intéresser son frère. Il a tort : ses confidences auraient passionné Jean-Louis. Ces « *rageuses ratures* » (*Œ2*, 624) témoignent elles aussi de l'écart entre Yves et les siens. Dans ces lignes indéchiffrables, Yves se plaint que les « *ogres* » (625) et les « *ogresses* » des salons ne soupçonnent pas la grandeur du mystère Frontenac. Mais Yves lui-même semble être en train de perdre contact avec ses racines. Quand Jean-Louis se rend chez Yves pour lui annoncer la mort de leur mère, une variante du manuscrit confirme cette hypothèse : « *Il chercha en vain une photographie de leur mère. Rien du mystère Frontenac ne se manifestait ici.* » (1281). Dans le texte définitif, l'attention se porte plutôt sur ce qui est présent dans la chambre. Jean-Louis y cherche « *des signes* » (638) et perçoit « *le désordre de la veille* » : dans « *cette table pleine de cendres, cette moquette brûlée* ». Ces objets et le décor sensuel qui les entoure témoignent du passage du poète au travers de la chaleur torride du désert de l'amour[91]. Comment en sortir ? En opérant un retour aux sources, semble répondre Mauriac. À l'annonce de la mort de Blanche, Yves fait, pour pleurer, « *la même grimace que quand il était petit* » (638). Dans le monde mauriacien, le retour des larmes de l'enfance signifie toujours la survie de l'innocence et de la pureté, et tant que ces qualités sont présentes, l'auteur tout-puissant est prêt à délivrer du désert de l'amour ses personnages errants.

Déjà, à la fin du chapitre 3 de la seconde partie, Mauriac commence à préparer le finale du roman. La réaction de Jean-Louis à la section illisible de la lettre de son frère annonce la conclusion du *Mystère Frontenac*. Après avoir contemplé les pages raturées, Jean-Louis sait qu'il lui faudra se rendre à Paris pour « *sauver* » (*Œ2*, 624) son frère, et c'est ce qui arrive dans le dernier chapitre du roman. Cette préparation de la fin est encore plus évidente dans le manuscrit qui ajoute un paragraphe supplémentaire à la lettre d'Yves : « [...] *tout se passe dans ma vie comme si quelqu'un empoisonnait toutes les sources où je veux boire, brouillait mes chemins, me chassait de tous les lieux "où je souhaite d'aimer et de dormir".* » (1278). Plus loin dans le même chapitre, il y a un passage qui rappelle celui que nous venons de citer, mais qui, lui, figure dans le texte définitif. Jean-Louis accepte l'impossibilité de diriger la vie de ses frères : ils « *feraient, ici-bas, ce pour quoi ils étaient venus, et tous les détours les ramèneraient infailliblement au point où on les attendait, où Quelqu'un les épiait* » (628). Dans les deux passages, il est évident que le mot *quelqu'un* (avec ou sans majuscule) signifie Dieu, ou plutôt la fiction de Dieu, car en réalité ce n'est que le romancier omniscient et tout-puissant qui dirige ses personnages. Conformément au modèle biblique de l'Exode, le romancier quasi divin conduit son héros autour du désert parisien dans un but éducatif. L'empoisonnement des sources et la nécessité permanente de repartir sont les moyens par lesquels Yves Frontenac sera inexorablement mené à la destination que son créateur lui a préparée.

le désert de l'amour

Ce terme, emprunté à Rimbaud, résume un aspect fondamental de l'univers mauriacien. Comme il le dit dans son autobiographie : « *Je suis né avec la connaissance de ce désert, résigné d'avance à n'en pas sortir.* » (Œ5, 78). D'où la place centrale qu'il occupe dans son œuvre : « [...] *le vrai drame de la plupart de mes personnages tient dans le titre d'un de mes romans,* Le Désert de l'amour, *qui pourrait servir à beaucoup d'autres de mes livres.* » (SR, 90). Dans le roman de 1925, le phénomène a deux aspects : d'abord, « *la solitude et l'incommunicabilité des êtres que les liens du sang et le coup de dés du mariage réunissent sous un même toit* » (Œ1, 993) ; ensuite, l'impossibilité de trouver le bonheur dans la passion extra-conjugale. Malgré l'intention de Mauriac d'écrire *un hymne à la famille* dans Le Mystère Frontenac, le premier de ces deux aspects est loin d'être absent du roman, mais c'est le second qui le préoccupe particulièrement en 1932.

Selon André Séailles, Yves Frontenac est « *proche du type idéal du mal-aimé* »[92]. Le récit de son aventure avec une femme dont nous n'apprenons jamais le nom révèle que, pour Mauriac, l'amour est associé à la manipulation (*Œ2*, 636), à l'aveuglement (647), à l'incommunicabilité (648), à la jalousie (650), à l'idolâtrie (662), à la souffrance (662), au dégoût (664) et à la dépression morbide (667). Le désert de l'amour peut se manifester dans un endroit particulier (Talence dans *Le Désert de l'amour*, Paris dans *Le Mystère Frontenac*), mais sa dimension intérieure est beaucoup plus importante. C'est le thème du poème « *Le Désir* » dans le recueil *Orages* (publié la même année que *Le Désert de l'amour*) :

> Désert intérieur, étouffant crépuscule,
> Triste mer qui ne put mouiller que tes genoux,
> Si je suis son captif, c'est en moi qu'elle brûle :
> Le pays de la soif est au dedans de nous.
>
> J'ai cru qu'un Dieu pourrait tarir cette mer morte,
> Qu'il suffirait du ciel pour combler cette mer :
> Mais on n'échappe pas au désert que l'on porte,
> On ne s'évade pas de son propre désert.   (*ŒC*, VI, 440)

Dans ces strophes, Mauriac transpose des allusions à l'exode biblique en un registre plus personnel. Le fait que Dieu soit présenté comme étant incapable de tarir la mer morte du poète (allusion au tarissement de la mer Rouge raconté dans l'Exode (xiv, 21-22)) indique que Mauriac était au plus bas de sa vie spirituelle à cette époque. Cependant, tout à la fin du recueil, on trouve un ton plus optimiste. Dans « *Fils du ciel* » — son hommage à Rimbaud — le poète revient à l'image du désert intérieur :

> Je porte en moi l'enfer où tu fus : le Harrar,
> Les routes où tes pieds ont saigné, tous les bouges
> Et cette cendre au bord des mers Mortes ou Rouges,
> Mais comme toi j'attends le Seigneur : il est tard.
>
> (*ŒC*, VI, 445)

Cette attente a peut-être une certaine qualité beckettienne, mais elle est assurément moins pessimiste que le sentiment de défaite qui caractérise « *Le Désir* ».

Cette réorientation tardive du texte vers Dieu est un aspect typique (et souvent critiqué) de l'art mauriacien. L'intervention du narrateur vers la fin du *Désert de l'amour* en fournit un exemple particulièrement pertinent dans le contexte de la présente discussion : « *Il faudrait qu'avant la mort du père et du fils, se révèle à eux enfin Celui qui à leur insu appelle, attire, du plus profond de leur être, cette marée brûlante.* » (*ŒI*, 861).

Celle-ci fonctionne évidemment comme une métaphore du désir, mais il est important de noter que, pour Mauriac, le désir en soi n'est pas coupable — c'est l'objet de la passion, plutôt que la passion elle-même, qui est en cause. Dans son œuvre, seuls ceux qui sont sans amour sont sans espoir. C'est sa conviction que l'amour de l'éphémère peut préparer l'amour de l'éternel. Dans la Préface à *Souffrances et bonheur du chrétien*, Mauriac va même jusqu'à suggérer que l'éloignement de l'individu de Dieu pourrait être considéré comme encore une manifestation de la grâce divine :

[...] peut-être les temps de sécheresse, qui attristent toute vie spirituelle, ne sont-ils pas seulement le fruit mérité de nos refus et de nos rechutes ; mais aussi une précaution amoureuse de la grâce pour que notre misérable nature bénéficie de ces intermittences — incapable qu'elle est encore de supporter, même de très loin, l'azur immuable et la lumière sans ombres. (*Œ5*, 114)

Dans l'univers mauriacien, la traversée du désert de l'amour peut donc faire partie d'une stratégie providentielle : une préparation en vue d'une fin glorieuse, plutôt qu'une période de condamnation telle qu'on la trouve dans le livre de l'Exode.

la mort de la mère

L'expérience qu'a Yves du désert de l'amour s'intensifie avec la mort de Blanche. Dorénavant il est dévoré par la souffrance et la dépression. Mauriac punit-il son alter ego afin d'expier sa propre «trahison» de ses origines, «trahison» qui aboutit au «manque d'attention» envers sa propre mère peu avant sa mort[93] ? Dans un sens, ce «manque d'attention» n'est qu'un catalyseur qui libère un sentiment de culpabilité beaucoup plus profond, puisque, comme le fait observer José-Marie Bataille : «[...] *l'éloignement du fils chéri porte en germe la mort de la mère.*» (p.137[47]). *Le Mystère Frontenac* peut être lu comme un *mea culpa* où l'auteur essaie d'apaiser ce sentiment de culpabilité. C'est un processus de réparation qui ne se termine qu'avec *Maltaverne*, véritable texte testamentaire, quand Alain Gajac rejoint sa mère mourante et l'aide à s'éteindre en paix (*Œ4*, 840-1).

Étant donné l'importance fondamentale de la mère dans l'univers mauriacien, il est normal que sa mort constitue un des événements les plus importants du *Mystère Frontenac*. Selon Jacques Petit, le manuscrit laisse supposer qu'à l'origine le roman devait se clore par le récit de l'enterrement de Blanche (*Œ2*, 1244). Dans le manuscrit, cet événement provoque chez Yves une méditation sur son rôle de poète qui ressemble en effet à une sorte de conclusion :

Il existe des êtres, songeait Yves, qui viennent au monde avec ce pouvoir mystérieux de créer, de composer fil à fil avec tout ce que leur enfance et leur adolescence leur apportent, un cocon qu'ils ne cessent d'épaissir autour d'eux, un monde particulier qui les isole [...] monstrueusement de la vie ordinaire [...]. (*Œ2*, 1282-3)

Ces paroles annoncent le passage des *Mémoires intérieurs* où Mauriac suggère que son œuvre littéraire l'a isolé des «*réalités*» de la vie (*Œ5*, 423). Les graves problèmes qui secouèrent le monde pendant les années Trente et Quarante (et qui stimulèrent une production littéraire plus «engagée») ne faisaient qu'exacerber ce sentiment. Mauriac y réagit, nous l'avons vu, en se consacrant de plus en plus au journalisme. Mais, bien sûr, il ne devait jamais complètement abandonner la création littéraire, et le manuscrit du *Mystère Frontenac*, dont nous venons de citer un extrait, continue avec une défense de l'insularité poétique :

[...] il n'est rien qui ne soit VOULU, ce n'est pas SANS BUT que quelques hommes à peine nés ont le don de sécréter cette atmosphère épaisse qui leur est propre, cet opaque mystère qu'Yves appelait le mystère Frontenac, car c'est dans les ténèbres que les œuvres mûrissent ; tous les poètes naissent et meurent dans ce monde [...] et s'ils s'en évadent leur œuvre ne vit plus que du souvenir qu'ils ont gardé.   (*Œ2*, 1283)

À l'accusation de l'inutilité de la création littéraire Mauriac oppose l'idée d'une destinée poétique divinement voulue : « [...] *tous les appelés de Dieu n'entendraient pas sa voix s'il n'était au centre de ce cocon.* ». Mais Yves a refusé cette vocation. Il a aussi abandonné l'atmosphère du « mystère Frontenac », celle qui nourrit sa créativité. C'est pourquoi, malgré sa réussite apparente, sa carrière poétique se solde par un échec : « *J'ai voulu échapper au mystère* », avoue-t-il, « *j'ai désiré ardemment et* [un mot illisible] *au monde, et c'est vrai que je ne suis plus qu'une larve.* ». Yves reconnaît donc que son échec en tant que poète résulte de son exil auto-imposé. Il suggère que c'est aussi, en partie, la conséquence d'une certaine paresse facilitée par le confort matériel[94] :

Peut-être n'ai-je pas eu assez à lutter. Il y en a dont la vie rompait à coups de bélier la muraille de Chine qui défendait le mystère, et ils devaient la reconstruire coûte que coûte, mourant de faim, sans abri, le cœur gelé, il fallait réparer les brèches [...], recomposer le Paradis à demi-détruit. Pour beaucoup la folie était le parti le plus facile, ou simplement l'alcool, les drogues. Mais Dieu arrange tout.   (*Œ2*, 1283)

Mauriac pense ici sans doute à des poètes comme Nerval, Verlaine et Rimbaud — ceux dont la réputation dépasse la sienne « *dans la mesure où pour un poète c'est perdre sa vie que de la sauver* » (*Œ5*, 392). Dans l'ensemble, la vie avait souri à Mauriac. Il avait lui-même entrepris la démolition de « *la muraille de Chine* » (90-1) qui, dans *Commencements d'une vie*, fonctionne comme une image de limitation et de restriction plutôt que de défense. Mais maintenant, à la suite de sa récente maladie, nous voyons Mauriac en train de reconstruire la muraille qui l'avait tant irrité. Pourtant, nous l'avons constaté, le processus de réparation est complexe : une fois achevée, la reconstruction du paradis de l'enfance provoquera de nouveau les sentiments de restriction et de révolte à l'origine des impulsions destructrices. Comment sortir de ce cercle tantôt vicieux, tantôt vertueux ? Pour Mauriac, la seule solution se situe sur le plan surnaturel : « [...] *Dieu arrange tout.* » (*Œ2*, 1283). Il y aura recours à la fin du roman.

Le déclin d'Yves s'intensifie avec la mort de sa mère. À la suite de ses funérailles, nous apprenons qu'il « *parut plus amer qu'il n'avait jamais été* » (*Œ2*, 643). Mauriac se sert du langage et des symboles d'une psychanalyse vulgarisée pour décrire les sentiments de son héros :

Cette exigence que l'amour de sa mère n'avait jamais trompée, il la transférait, maintenant, sur des objets qui, jusqu'alors, avaient pu l'occuper, l'inquiéter, et même le faire un peu souffrir, sans toutefois bouleverser sa vie. Il avait été accoutumé à pénétrer dans l'amour de sa mère, comme il s'enfonçait dans le parc de Bourideys qu'aucune barrière ne séparait des pignadas, et où l'enfant savait qu'il aurait pu marcher des jours et des nuits, jusqu'à l'océan. Et désormais, il entrait dans tout amour avec cette curiosité fatale d'en toucher la limite [...]. Il ne pouvait plus cacher sa plaie, souffrait à ciel ouvert, laissait partout des traces de sang.

(*Œ2*, 643-4)

La nature extrême de ce langage reflète l'instabilité mentale du poète : « *Yves ne doutait point d'être un obsédé ;* [...] *"Je suis devenu fou", disait-il* [...]. » (644). Trois décennies plus tard, Mauriac portera le même jugement sur sa propre conduite à la fin des années Vingt : « [...] *je fus comme fou.* » (*Œ5*, 616). Il continue en s'adressant à Dieu : « *J'ai souvent pensé que Vous n'aviez jamais été plus près de moi qu'en ces jours d'une souffrance interminable et où j'aurais pu être précipité à chaque instant dans la mort. J'errais à travers Paris, comme un chien perdu, comme un chien sans collier.* ». En décrivant les pérégrinations désespérées d'Yves Frontenac à travers la capitale, les derniers chapitres du *Mystère Frontenac* annoncent ce passage autobiographique. Mais l'auteur de *Ce que je crois* exprime aussi la conviction (rétrospective) que Dieu ne l'avait jamais quitté pendant cette période de désarroi. C'est la raison pour laquelle la grâce finit par triompher dans la vie de son alter ego.

Ce ne sont pourtant pas seulement ses déboires amoureux qui sont responsables de l'état quasi suicidaire dans lequel se trouve Yves dans l'avant-dernier chapitre du roman. Son incapacité à faire face à la vie est profondément liée à la perte de sa mère, événement qui, à son tour, le rend encore plus conscient de son exil dans le désert de l'amour :

[...] aucun autre appui ne lui restait, aucun secours ne lui venait de sa famille. Tout ce qui subsistait du mystère Frontenac ne lui arrivait plus que comme les débris d'un irréparable naufrage. [...] Une part immense du mystère Frontenac avait été comme aspirée par ce trou, par cette cave où l'on avait étendu la mère de Jean-Louis, de José, d'Yves, de Marie et de Danièle Frontenac.   (Œ2, 645)

L'image du naufrage rappelle l'épisode du bateau-phare au chapitre 9. Ce fut l'absence temporaire de Blanche qui permit aux enfants de jouer avec le bateau-phare et de le lancer « avec sa cargaison de mystère Frontenac » (590). L'absence maternelle définitive leur fait comprendre qu'en réalité elle fut toujours au cœur du mystère Frontenac : c'est sa mort qui est responsable du naufrage métaphorique du « mystère Frontenac ».

Ce naufrage coïncide avec le point le plus bas de la chute d'Yves en tant qu'écrivain. À cause de la jalousie qu'il éprouve à l'égard des relations entre sa maîtresse anonyme et son ami Geo, il envisage un nouvel exutoire à ses talents littéraires : écrire un livre qui « la couvrirait de boue » (Œ2, 650). Au chapitre 12, la voix (divine ?) avait encouragé Yves à mettre son écriture au service de l'amour ; maintenant, au contraire, il l'envisage comme un moyen de se venger. Dans un article contemporain, Mauriac qualifie de « médiocres » (ŒC, XI, 14) et de « vils » les amants trahis qui contemplent la vengeance. Quand il s'est finalement vidé de sa haine, Yves paraît arriver à pareille conclusion. Il revient en esprit à Bourideys et à sa bauge, là où autrefois il déchargeait ses émotions violentes et où il avait reçu la vocation poétique qu'il a fini par trahir. Pourtant, ce n'est pas tant de cette vocation qu'il se souvient que de la rencontre avec sa mère qui eut lieu immédiatement après. Elle l'avait recouvert de son châle et il s'était blotti contre elle (*Œ2*, 608, 651). Dans son désespoir, Yves l'implore : « [...] *il était le premier des enfants Frontenac à appeler sa mère morte, comme si elle eût été vivante.* » (651).

Après avoir commencé sa carrière poétique en se distanciant de sa mère, le sentiment accablant d'être exilé le ramène finalement à elle. En l'appelant, Yves met fin à sa descente en spirale. Dès que son héros exprime le désir de reprendre contact avec ses origines, Mauriac peut commencer à le conduire hors du désert de l'amour. Ce processus rédempteur s'étendra sur les derniers chapitres du roman. Il ne sera terminé qu'au tout dernier paragraphe quand la mère et ses enfants seront réunis dans une ultime vision poétique.

VIII

RÉDEMPTION

E N appelant sa mère à la fin du chapitre 17, Yves suit l'exemple du fils prodigue qui, « rentrant [...] en lui-même » (Lc xv, 17), pense à tout ce qu'il a abandonné. Le processus de réorientation se poursuit au chapitre 18 quand Yves passe une soirée dans une boîte de nuit parisienne en compagnie de sa maîtresse et de Geo. Pour Mauriac, la vie nocturne de la capitale est le cadre idéal pour une prise de conscience métaphysique : « [...] *entre minuit et trois heures ils* [les tziganes] *obligent des gens qui n'y avaient pas songé encore à s'interroger sur l'immortalité de l'âme.* » (MAM, 104). Pendant l'absence temporaire de la jeune femme, les deux hommes passent aux aveux : Yves imaginait que Geo voulait lui prendre sa maîtresse ; Geo, à son tour, assure qu'il donnerait toutes les femmes élégantes de la boîte pour la laveuse de vaisselle :

Ils pouffèrent. Et soudain, un monde de tristesse s'abattit sur Yves. Il regarda Geo qui, lui aussi, était devenu sombre : éprouvait-il ce même sentiment de duperie, cette dérision infinie ? À une distance incommensurable, Yves crut entendre le chuchotement assoupi des pins.
« L'oncle Xavier... », murmura-t-il.   (Œ2, 655)

Ces dernières paroles reprennent l'esprit de l'appel à Blanche à la fin du chapitre précédent. Yves commence à se rendre compte de l'absurdité de ses vagabondages à travers le désert de l'amour. Comme dans *Le Nœud de vipères*, Mauriac prépare la « conversion » ultime de son héros bien avant la fin du livre. Mais il ne sera pas facile pour Yves d'effectuer un retour aux sources. Par exemple, quand il rend visite à son oncle gravement malade, il lui est impossible de prier, «*rien ne lui revenait de ce langage perdu*» (657). Tout ce qui appartient au monde de son enfance lui semble irrémédiablement perdu. La mort commence donc à le fasciner. Il raconte à sa maîtresse comment, après l'enterrement de Xavier, il s'est étendu sur le canapé à Respide : «*Les yeux fermés, je me suis persuadé que j'étais couché entre maman et mon oncle...*» (663). Dans son imagination morbide, la mort représente la seule possibilité de rétablir les liens familiaux qui avaient réglé son enfance. Et si seulement il pouvait être sûr qu'elle ne déboucherait que sur le néant, elle lui permettrait aussi d'échapper aux souffrances de l'amour. Mais il sait que cette assurance ne lui sera jamais accordée : «*L'irrémédiable*», dit-il, «*c'est de croire, malgré et contre tout, à la vie éternelle. C'est d'avoir perdu le refuge du néant.*». Ces paroles résument bien son ambivalence à l'égard de la foi de sa jeunesse : il ne peut se débarrasser de sa croyance en la vie éternelle, mais celle-ci, loin de le réconforter, ne fait que l'irriter. Pour Mauriac, une ambivalence pareille se distingue dans l'attitude des poètes maudits qui ont exercé une influence si importante sur son propre mythe du poète : «*Même révoltés, jamais sérieusement ils ne mettent en doute l'ordre chrétien.*» (Œ5, 27). C'est cette foi restante qui permet la «conversion» du poète à la fin du roman.

apocalypse

Le mot *apocalypse* est dérivé d'un terme grec qui signifie «révélation». Dans le Nouveau Testament, c'est le titre d'un livre riche en visions symboliques et eschatologiques dont certaines sont axées sur la destruction du monde présent et d'autres sur l'inauguration d'un nouvel ordre. Dans l'avant-dernier chapitre du *Mystère Frontenac*, Yves a une vision cauchemardesque qui rappelle «la fin du monde» dont il est question dans l'épigraphe rimbaldienne et qui correspond donc à la phase catastrophique d'une vision apocalyptique. Mais cette expérience n'est que le prélude à la vision de béatitude céleste qui clôt le roman et qui correspond aux dernières images de l'Apocalypse biblique qui célèbrent le triomphe du règne divin.

Errant à travers Paris, Yves se rend enfin compte qu'il ne représente pas beaucoup pour sa maîtresse. Il est décrit comme « *le dernier des Frontenac* » (*Œ2*, 664) — non seulement le benjamin de la famille, mais aussi le représentant d'une race en voie de disparition, comme le montre sa vision apocalyptique. Tout se passe près du Rond-point des Champs-Élysées, l'épicentre de cette terre d'exil qu'est devenue pour lui la capitale. L'endroit a peut-être aussi une valeur symbolique, comme dans les *Mémoires intérieurs* quand Mauriac, en train d'imaginer un livre qu'il n'écrira pas, arrive au moment où la mort envahit son histoire : « *C'est un* ROND-POINT *où ma pensée hésite : suicide, ou retournement de tout l'être vers Dieu* [...]. » (*Œ5*, 562). Yves se trouve devant le même choix dans *Le Mystère Frontenac*. L'importance de ce choix est soulignée par le fait que la voix mystérieuse qu'il avait entendue au chapitre 12 lui parle une seconde fois. Nous avons déjà vu qu'il la refuse. Peut-être est-ce à cause de son appel à l'amour, car, à la suite de ses expériences à Paris, ce mot n'a que des associations négatives pour lui. C'est sans doute la raison pour laquelle le concept sera banni du monde évoqué dans sa vision hallucinatoire.

Celle-ci est provoquée par les foules qu'il voit près d'une entrée de métro : « *C'était l'heure où les ateliers de nouveau se remplissent et le métro absorbait et vomissait des fourmis à tête d'homme. Yves suivit longtemps, d'un œil halluciné, cette absorption et ce dégorgement d'humanité.* » (*Œ2*, 665). Il y a une qualité zolienne à cette vision : le métro qui dévore des hommes rappelle la transformation du puits de mine de *Germinal* en une divinité qui a besoin de sacrifices humains[95]. Le parallèle est sans doute voulu car, pour Mauriac, les Naturalistes « *méprisent l'être humain — la bête humaine comme ils l'appellent — et* [...] *ne cessent de haïr l'homme que pour le tourner en dérision* » (*ŒC*, VIII, 475). Les « fourmis à tête d'homme » vues par Yves correspondent à la « bête humaine » des Naturalistes et révèlent la misère spirituelle que, pour son créateur, il partage avec les romanciers matérialistes.

Yves appelle de ses vœux le jour où :

Aucune fortune acquise ne permettra plus au moindre Frontenac de se mettre à part sous prétexte de réfléchir, de se désespérer, d'écrire son journal, de prier, de faire son salut. Les gens d'en bas auront triomphé de la personne humaine, — oui, la personne humaine sera détruite et, du même coup, disparaîtra notre tourment et nos chères délices : l'amour. Il n'y aura plus de ces déments, qui mettent l'infini dans le fini.

(*Œ2*, 666)

Ayant perdu sa créativité poétique, le désespoir provoque chez Yves une vision d'un monde où la poésie ne sera même plus concevable et où *Le Mystère Frontenac* n'aurait jamais pu être écrit, pour des raisons tant socio-politiques (les fortunes privées seront abolies) qu'artistiques ou spirituelles.

Certains aspects de la vision d'Yves sont déjà présents dans les chroniques que Mauriac avait écrites pour le journal conservateur *Le Gaulois* une douzaine d'années plus tôt. Dans son article du 4 mai 1919, par exemple, Mauriac se penche sur « l'esprit nouveau » salué par Apollinaire dans sa conférence célèbre de novembre 1917. Mauriac critique le caractère cosmopolite de l'expression lyrique des « *nouveaux poètes* » (*MAM*, 110), l'expliquant ainsi : « [...] *ces nouveaux venus se détournent de plus en plus de l'âme humaine, de la vie intérieure — c'est-à-dire de ce qui varie selon la race, le temps, le milieu, le climat ; en revanche, ils se passionnent pour la machine* » — et, comme il le souligne plus loin, « le machinisme est international, *tout comme le bolchevisme* » (111). On retrouve des idées pareilles dans l'article du 6 mars 1920 sur « L'Internationale et la chrétienté » : « *Alors que la religion, la philosophie, la littérature tendent à différencier les hommes* » (151), dit Mauriac, « *le travail tel que celui que le machinisme contemporain impose aux ouvriers* » — et, par hasard, il donne l'exemple du poinçonneur des billets de métro — « *nivelle, unifie les intelligences* ». Le processus d'uniformisation et de déshumanisation que Mauriac

94

associe au bolchevisme, à l'internationalisme, au machinisme et aux mouvements d'avant-garde dans ces articles est envisagé comme chose faite dans la vision apocalyptique d'Yves Frontenac. Celle-ci a une source plus contemporaine dans deux articles de 1932 — « Qui triche ? » et « Les Esthètes fascinés » — dans lesquels Mauriac commenta l'enthousiasme de Gide pour l'Union soviétique[96]. Dans le premier, Mauriac déplore que Gide, « *qui enseignait à notre jeunesse que chacun de nous est le plus irremplaçable de tous les êtres, désire, maintenant, le triomphe de la termitière bolcheviste où toute créature sera interchangeable* » (*ŒC*, XI, 77). Yves évolue dans le même sens : au chapitre 12, c'est un disciple de la disponibilité gidienne, alors qu'il désire une révolution quasi soviétique au chapitre 21. Sans doute Mauriac avait-il raison de critiquer l'oppression qui caractérisait le régime stalinien, mais les nobles valeurs de l'humanisme chrétien n'expliquent peut-être pas, à elles seules, son hostilité à l'égard du communisme : en tant que « *bourgeois de droite* » (*MP*, 16), issu d'une famille de propriétaires fonciers plutôt aisée, le concept de la copropriété aurait menacé ses intérêts personnels.

Sans doute la vision apocalyptique d'Yves renvoie-t-elle aux critiques que Mauriac adresse au communisme soviétique, mais est-il juste de prétendre, comme le fait Donat O'Donnell, que la tendresse de l'auteur s'attache non seulement à la famille, mais aussi — et *explicitement* — à l'ordre social qui la protège (p.11[32]) ? Même un critique tel René Bady, pour qui la famille est presque sacrée, comprend que la vision d'Yves révèle un sentiment de culpabilisation chez son créateur. Bady imagine Jean-Louis s'adressant à son frère comme suit :

Ne penses-tu pas que cette menace vient sur nous en punition de fautes anciennes ? Se mettre à part, s'isoler, s'enfermer dans une ignorance hautaine ou seulement dans l'indifférence, toujours ce furent la tentation et le péché des Frontenac et c'est un péché dans lequel tombent tant de bonnes et chrétiennes familles.[97]

Comme beaucoup d'autres aspects du roman, la vision cauchemardesque du jeune poète s'avère ambivalente, exprimant à la fois l'horreur qu'avait Mauriac de la révolution et les remords de sa conscience sociale. Il semble que les idées du Sillon aient eu moins d'importance pour Mauriac pendant les années Vingt qu'au début du siècle, mais il ne les a jamais complètement oubliées. Et, avec le commencement de la crise au début des années Trente, peut-être Mauriac se sentait-il plus gêné que d'habitude par son train de vie. C'est la guerre civile en Espagne qui a finalement réussi à détourner Mauriac de la droite politique, mais peut-être faut-il voir dans la vision d'Yves devant le métro le présage de ce retour à des valeurs plus libérales[98].

salut

À la suite de sa vision, Yves se sent épuisé et ne désire que le sommeil (*Œ2*, 667). On retrouve ce désir de dormir chez d'autres personnages mauriaciens — Jean-Paul Johanet (*Œ1*, 60), Fabien Dézaymeries (698), Irène de Blénauge (*Œ2*, 331) et Alain Gajac (*Œ4*, 789, 801) entre autres. Presque toujours il s'agit d'une traduction métaphorique de la pulsion de suicide. Afin de trouver le sommeil souhaité, Yves avale trois comprimés : « [...] *quelle lâcheté*» (*Œ2*, 668) se dit-il quand il reprend connaissance, confirmant ainsi l'hypothèse d'un désir suicidaire.

Celui-ci constitue un appel à l'aide qui, d'une façon mystérieuse, est entendu. Abandonnant une affaire importante entre les mains de son assistant à Bordeaux, Jean-Louis vient à la capitale afin de « *sauver*» (*Œ2*, 624) son frère. Il s'agit peut-être d'un exemple du dogme de la communion des saints qui, selon Marie-Françoise Canérot[99], est indispensable à la compréhension des romans écrits par Mauriac à la suite de sa « conversion »[100]. On peut comparer les événements du roman avec ce que dit Mauriac à propos de « Souffrances du chrétien», le texte qui marque le point culminant de sa propre période de désespoir :

C'était un cri, c'était un appel déchirant : vers Dieu ? Non, plutôt un appel au secours jeté à mes frères. Il fut entendu.

Il existe une charité très cachée et dont j'aurai bénéficié à certains moments de ma vie : celle d'amis connus ou inconnus qui se jettent à l'eau, qui vous prennent à bras le corps et vous ramènent sur la berge.

(Œ5, 747)

Comment ne pas voir dans l'arrivée inespérée de Jean-Louis la transposition romanesque de ces sentiments ? Juste avant l'arrivée de son frère, Yves avait rêvé que sa mère se trouvait dans sa chambre à lui : « [...] *ses lèvres remuaient ; elle voulait prononcer une parole urgente, mais en vain.* [...] *Yves la regardait avec angoisse, essayait de recueillir sur ses lèvres la parole dont elle n'arrivait pas à se délivrer.* » (Œ2, 668). Ce rêve constitue une sorte d'inversion de l'atmosphère qui régnait au début du roman. Dans le premier chapitre, les enfants Frontenac étaient enveloppés par la paix et la sécurité du cocon maternel ; dans le dernier chapitre, c'est une Blanche morte qui se trouve dans l'appartement parisien de son fils, exilée de sa maison et incapable de parler à son benjamin. Le monde de l'enfance est décidément très éloigné.

Ce rêve est suivi de près par l'entrée de Jean-Louis, ce qui souligne le fait que le frère aîné est appelé à relayer l'amour maternel (voir déjà Œ2, 627). Quand il prend le pouls d'Yves et lui met la main sur le front pour s'assurer qu'il n'a pas de fièvre, le texte indique que ses gestes sont hérités de Blanche (669). La réapparition de l'esprit maternel permettra à Yves de sortir enfin du désert de l'amour où il s'est fourvoyé et de reprendre contact avec son passé. Les premiers mots de ce dernier chapitre — « *Du fond de l'abîme* » (667) — laissent supposer que le poète est arrivé au nadir de sa chute. D'ici à la dernière phrase du texte, le mouvement sera celui d'une ascension spectaculaire. En présence de son frère, Yves songe « *au bonheur de ne pas mourir seul* » (672). Encore une fois on retrouve dans le roman un écho de la situation de son auteur. En réponse à la dévotion familiale dont il fut entouré lors de sa maladie, Mauriac composa un *hymne à la famille*. Ainsi Yves entonnera-t-il les louanges de la famille dans le dernier paragraphe du roman.

Bien qu'il sache qu'il ne mourra pas seul, Yves n'est pas sûr de ce qui se passera ensuite. Les trois derniers paragraphes du roman offrent deux visions opposées du sens de la mort : la première païenne et la seconde catholique, représentant ainsi les deux pôles du déchirement mauriacien.

Évoquant le paysage des landes, le narrateur imagine « *une clairière que les pignadas ménagent à cinq ou six chênes très antiques, énormes, ramassés, fils de la terre et qui laissent aux pins déchirés l'aspiration vers le ciel* » (*Œ2*, 672). Les chênes, bien enracinés dans la terre, symbolisent l'antiquité païenne (c'est au « *gros chêne* » (*Œ4*, 672) qu'Alain Gajac rend son « *culte secret* » dans *Un Adolescent d'autrefois*) ; les pins qui semblent vouloir s'arracher à la terre symbolisent la souffrance et l'espérance du chrétien.

L'image des chênes inspire une rêverie morbide à Yves :

C'était à leur ombre, [...], qu'il eût fallu creuser une profonde fosse pour y entasser, pour y presser, les uns contre les autres, les corps des époux, des frères, des oncles, des fils Frontenac. Ainsi la famille tout entière eût-elle obtenu la grâce de s'embrasser d'une seule étreinte, de se confondre à jamais dans cette terre adorée, dans ce néant. (*Œ2*, 672-3)

Il s'agit d'une vision païenne de la mort dans laquelle la famille réunie ne retrouve que le néant de l'autre côté de la tombe. Les Frontenac ne s'embrassent que dans la décomposition, pendant que leurs cadavres fournissent des éléments nutritifs à la terre qu'ils avaient adorée. Leur propre chair contribuera aux « *sucs les plus secrets de la lande* » (672) qui ont nourri les chênes « *depuis l'avant-dernier siècle* ». Il est normal que ces arbres datant du XVIIIe siècle, l'âge du scepticisme religieux, président à cette vision décidément non-catholique. Peut-être faut-il encore y voir un reflet de l'éthique barrésienne de « *la terre et les morts* »[101]. Mais, comme se le demande le narrateur d'un des écrits de jeunesse de Mauriac, *Les Nuits de Paris* (1911) : « [...]

de quel secours peut-il [cet enseignement touchant la terre et les morts] *être à moi qui possède cette ineffable réalité : la communion des saints ?* » (*Œ1, 938*).

Ainsi, dans le roman, l'image des pins blessés commence-t-elle à effacer celle des chênes antiques. Mauriac (ou est-ce Yves lui-même en style indirect libre ?) établit le parallèle inévitable : « *Et lui, Yves Frontenac, blessé, ensablé comme eux, mais créature libre et qui aurait pu s'arracher du monde, avait choisi de gémir en vain, confondu avec le reste de la forêt humaine.* » (*Œ2, 673*). C'est une allusion à son rejet de la voix mystérieuse : Yves aurait pu « *s'arracher du monde* », soit en se consacrant à une vie d'amour, soit en suivant sa vocation poétique, mais il a échoué sur les deux plans. Et pourtant, affirme le texte, « *aucun de ses gestes qui n'ait été le signe de l'imploration ; pas un de ses cris qui n'ait été poussé vers quelqu'un* ». C'est la confirmation du cours secret de la vie du poète auquel l'auteur a fait allusion à plusieurs reprises pendant l'exil de son héros. Dans le dernier paragraphe du roman cette évolution cachée est clairement révélée. La structure rappelle celle du *Nœud de vipères* : les moments de lucidité spirituelle qui jalonnent le récit de Louis aboutissent à sa conversion (apparente) de la dernière heure. Mais ce qui n'est pas dit explicitement dans *Le Nœud de vipères*, à cause de la mort du narrateur, s'exprime dans la dernière vision d'Yves Frontenac.

Dans le dernier chapitre de la première partie du roman, Blanche avait demandé à son jeune fils si les morts au ciel pensaient toujours à ceux qu'ils avaient laissés sur la terre. Il lui avait affirmé que « *tout amour s'accomplirait dans l'unique Amour* » (*Œ2, 608*). Cette promesse lui revient en mémoire à la fin du roman, provoquant la vision ultime :

La veilleuse éclaire le visage admirable de Jean-Louis endormi. Ô filiation divine ! ressemblance avec Dieu ! Le mystère Frontenac échappait à la destruction, car il était un rayon de l'éternel amour réfracté à travers une race. L'impossible union des époux, des frères et des fils, serait consommée avant qu'il fût longtemps, et les derniers pins de Bourideys verraient passer, — non plus à leurs pieds, dans l'allée qui va au gros chêne, mais très haut et très loin au-dessus de leurs cimes, le groupe éternellement serré de la mère et de ses cinq enfants. (*Œ2*, 673)

Le contraste entre les chênes païens et les pins chrétiens revient dans cette phrase finale : une image de l'union céleste se substitue à la notion barrésienne de « la terre et les morts ». Le ciel et la terre sont pourtant liés dans la vision : bien que le groupe de la mère et de ses cinq enfants soit très loin au-dessus des cimes des pins, ces derniers peuvent toujours les « voir ». Le paradis céleste reste donc en contact avec l'enclos de Bourideys qui fut un paradis terrestre pour les enfants Frontenac.

conversion

La fin du roman rappelle les remarques faites par Mauriac dans son essai sur Maurice de Guérin. Selon Mauriac, le déchirement de l'artiste chrétien ne peut être résolu qu'*in extremis* : « [...] *il s'épuise à tenter de concilier l'inconciliable, jusqu'à ce qu'enfin, [...], tout conflit s'apaise dans l'illumination de la dernière heure.* » (*ŒC*, VIII, 388). Bien qu'Yves ne meure pas à la fin du *Mystère Frontenac*, le dernier paragraphe du roman ne constitue pas moins la dernière heure du héros d'un point de vue textuel (du moins jusqu'à son retour dans *Conte de Noël*). Grâce aux soins de son frère, il connaît une illumination qui semble mettre fin aux conflits qui l'ont tenaillé tout au long du roman.

Cette conversion correspond aux sentiments éprouvés par Mauriac à la suite de sa grave maladie de 1932. Le dernier paragraphe du roman constitue en effet la strophe la plus pure du fameux *hymne à la famille*. Le retour au bercail du poète rappelle aussi le drame personnel dont nous avons le récit dans *Souffrances et bonheur du chrétien*. La conclusion du roman peut donc être considérée comme une tentative de la part de l'auteur de se persuader de son propre salut. À ce moment de sa vie, Mauriac était particulièrement conscient du « regard du mourant sur lui-même » :

J'imagine cette lucidité accablante du moribond, cette apparition brutale des actes les mieux enfouis, — et la faim et la soif de pardon refoulées, parfois depuis l'enfance, qui se manifestent enfin, crient, se délivrent, s'apaisent, dans un dernier aveu : car il ne faut peut-être qu'un regard, qu'une larme, pour que tout l'immonde d'une vie humaine soit recouvert, absorbé, consumé dans l'éternel Amour.   (*ŒC*, XI, 59)

C'est précisément cet éternel Amour, redécouvert par Yves à la fin du roman, qui garantit son salut — et, par extension, celui de son créateur. L'image de la famille réunie au ciel conjure « *cette possibilité terrifiante que nous ne fussions pas tous réunis à jamais dans l'éternel amour — qu'un seul manquât à l'appel, entraîné dans l'abîme par cette meule de moulin attachée à son cou : un Cahier vert de chez Grasset*[102] » (*Œ5*, 383).

Mauriac s'était déjà inspiré de la parabole du fils prodigue dans *Commencements d'une vie* pour évoquer sa propre « conversion » des années Vingt (*Œ5*, 79) ; l'influence de la parabole est évidente dans *Le Mystère Frontenac* aussi. L'expérience d'Yves pendant son exil parisien rappelle celle du personnage parabolique — « le plus jeune fils » (Lc xv, 13) — qui « partit pour un pays lointain et y dissipa son bien en vivant dans l'inconduite ». Finalement, « rentrant [...] en lui-même » (17) après une période de grande détresse, il comprend la vraie valeur de ce qu'il a négligé et désire le retrouver.

Étroitement liées à la parabole du fils prodigue, les conversions de la dernière heure ont aussi exercé une influence sur la conclusion du roman. Le récit du repentir *in extremis* de son grand-père avait profondément marqué le jeune Mauriac (*SR*, 13), mais les conversions plus controversées de Guérin et de Rimbaud fournissent des modèles encore plus importants pour Yves. Charles Du Bos considère qu'après une période d'exil parisien, Guérin revint mourir au Cayla « *à l'image de l'enfant qu'il avait été* »[103]. Après avoir frôlé la mort, Yves aussi retrouve l'enfance grâce aux soins quasi maternels de son frère.

Si l'on compare Yves à Maurice, Jean-Louis joue le rôle d'Eugénie de Guérin, la sœur pieuse qui voulait ramener à Dieu son frère dévoyé. Comme l'explique Mauriac : « *Eugénie croit que Dieu a besoin d'elle pour sauver Maurice. Elle prie pour Maurice qui ne prie plus, lui qu'autrefois les paysans d'Andillac appelaient* le jeune saint *et qui vit à Paris, engagé dans des passions qu'elle pressent et qui lui font horreur.* » (ŒC, VIII, 382). Quoique moins pudibond qu'Eugénie, Jean-Louis s'inquiète pour la vie de son frère à Paris, comme le montrent ses efforts pour déchiffrer la lettre au chapitre 14. Lui aussi prie pour un frère qui ne le peut plus et, à cause d'un pressentiment mystérieux, voyage à la capitale afin de le « *sauver* » (Œ2, 624).

La question de la « conversion » de Maurice de Guérin a toujours été un sujet de controverse. Pour sa part, Mauriac affirme : « *Ce n'est pas vrai qu'il joua pour Eugénie la comédie du retour à Dieu.* » (ŒC, VIII, 21). D'autres critiques ont mis en doute cette interprétation « catholique ». Marc Fumaroli, par exemple, fait observer que malgré ce qu'elle affirmait tout de suite après la mort de son frère, Eugénie n'était plus tout à fait convaincue de la sincérité de son repentir quelques mois plus tard. Fumaroli émet donc l'hypothèse que la mort édifiante de Maurice au Cayla pourrait être considérée comme « *une suprême extase de l'imagination, le dernier des "récits visionnaires"* »[104]. C'est une idée à laquelle nous aurons l'occasion de revenir par rapport au *Mystère Frontenac*.

La conversion de Rimbaud sur son lit de mort est encore plus controversée que celle de Guérin[105]. Encore une fois, Mauriac accepte le témoignage de la sœur, non seulement pour ranger Rimbaud dans le camp des catholiques, mais aussi parce qu'interpréter la vie de Rimbaud en termes d'exil et de retour lui permet de dégager la signification de sa propre vie.

Ce chevauchement de la biographie sur l'autobiographie est particulièrement clair à la fin du chapitre 2 de *Dieu et Mammon*, où Mauriac écrit :

On naît prisonnier de sa croix. Rien ne nous arrachera de ce gibet ; mais ce qui est particulier aux chrétiens de ma race, c'est de se persuader qu'ils peuvent en descendre ; et en effet ils en descendent ; c'est en cela qu'ils demeurent libres ; ils peuvent la refuser ; ils s'en éloignent, perdent conscience des fils mystérieux qui les y relient, et qui, indéfiniment, s'étirent au point que s'ils se retournent, le signe terrible ne leur apparaît plus sur le ciel. Ils vont, ils vont jusqu'à ce qu'arrêtés par un obstacle, atteints d'une blessure au cœur, ils butent et s'affaissent. Alors, aussi loin qu'ils se soient perdus, de nouveau les liens les ramènent en arrière avec une force surprenante ; et de nouveau les voici miséricordieusement précipités contre le bois. (*Œ2*, 795)

Cette interprétation de son propre parcours préfigure celle de son héros autobiographique dans *Le Mystère Frontenac* : Yves exerce, lui aussi, sa liberté de refuser la vocation divine ; Yves perd contact, lui aussi, avec la foi de son enfance ; Yves est atteint, lui aussi, d'une blessure au cœur dans le désert de l'amour et finit par s'affaisser sur un banc près du Rond-point des Champs-Élysées ; et, finalement, Yves redécouvre, lui aussi, la foi.

Mais, si ce passage autobiographique annonce l'expérience d'Yves Frontenac, il est évident qu'il s'inspire également de celle de Rimbaud (ou de l'idée que Mauriac s'en fait). Dans le chapitre 3 de *Dieu et Mammon*, Mauriac décrit la vie de révolte et de blasphème que mena le poète jusqu'à l'arrivée de la « *minute marquée de toute éternité* » (*Œ2*, 796) sur le lit de mort : « [...] *la croix qu'il traîne depuis trente-sept ans, cette croix qu'il a reniée, couverte de crachats, lui tend ses bras ; le moribond s'y jette, la serre contre lui, l'épouse étroitement ; il est sereinement triste, il a le ciel dans les yeux. [...] Tel est le mystère d'Arthur Rimbaud.* ». Tel est aussi, dans une certaine mesure, le mystère d'Yves Frontenac qui, lui aussi, a le ciel dans les yeux à la fin du roman.

Mais cette conclusion est loin de mettre fin à l'ambivalence qui caractérise le reste du texte, car, en employant l'expression « *il a le ciel dans les yeux* » (*Œ2*, 796), Mauriac fait sans doute allusion à une lettre qu'Isabelle Rimbaud écrivit à sa mère pour lui raconter les derniers jours du poète et qui est citée par Claudel dans sa célèbre préface aux poèmes de Rimbaud : « *Il me regardait avec le ciel dans les yeux [...]. Éveillé, il achève sa vie dans une sorte de rêve continuel [...]. Ce qu'il dit, ce sont des rêves — pourtant ce n'est pas la même chose du tout que quand il avait la fièvre.* On dirait, et je crois, qu'il le fait exprès.» (p.520[11]). Ce témoignage ne met-il pas en doute le sérieux de la fameuse conversion du poète ?

On est en droit de poser la même question à propos de la conversion d'Yves. N'oublions pas qu'il s'agit avant tout d'une vision du héros racontée en style indirect libre. On pourrait la regarder comme l'équivalent céleste de la vision apocalyptique du chapitre 21. Encore une fois la structure du roman est influencée par le récit biblique : comme c'est le cas dans l'Apocalypse, des images d'une béatitude éternelle succèdent à des scénarios cauchemardesques dans les visions du poète. La première est provoquée par une grave dépression nerveuse, la seconde par une vague de nostalgie. Les deux visions sont séparées par un geste suicidaire. De telles circonstances sont susceptibles d'engendrer une mesure de scepticisme face à la conversion de la dernière heure du visionnaire. Le fait que la vision finale soit racontée en style indirect libre indique que l'auteur lui-même entend garder ses distances avec l'expérience de son héros. Mauriac le dit explicitement dans ses entretiens avec Jean Amrouche :

> [...] ce que le petit Yves disait à sa mère, c'était plutôt pour la consoler et la rassurer, pour lui donner une vision concrète de la vie éternelle, mais cela ne correspond pas à ma foi. Je crois à la vie éternelle, mais, c'est ce qui rend la mort tout de même si déchirante, je ne crois pas à la vie éternelle des formes éphémères, de notre tendresse [...]. (*SR*, 297)

Faut-il donc considérer la fin du roman comme un phénomène analogue à l'ultime conversion de Maurice de Guérin telle que l'interprète Marc Fumaroli, c'est-à-dire comme « une suprême extase de l'imagination », un dernier « récit visionnaire »[106] ? Et, puisque cette vision rappelle l'impulsion foncière de Mauriac dans *Le Mystère Frontenac* — de composer un *hymne à la famille* — faut-il appliquer les termes de Fumaroli au roman en général ?

Mauriac lui-même soulève cette question après avoir relu le roman en 1951 :

104

Peut-être le thème même du *Mystère Frontenac*, cette union éternellement indissoluble de la mère et de ses cinq enfants, repose-t-il sur l'illusion que j'ai dénoncée dans le reste de mon œuvre : la solitude des êtres demeure sans remède et même l'amour, surtout l'amour, est un désert. (*Œ5*, 827)

La dernière image du roman est vue comme le thème du texte en général et, implicitement, les deux sont jugés illusoires. Ce n'est que la confirmation tardive de ce qui est évident dans le roman lui-même : l'ambivalence est un facteur constant du point de vue narratif.

IX

ÉPILOGUE : *CONTE DE NOËL*

L E retour des personnages est un procédé dont Mauriac se sert assez souvent dans sa fiction[107]. Rien d'étonnant, donc, s'il fait d'Yves Frontenac le narrateur de *Conte de Noël* (1938). Selon Jacques Petit, Mauriac ne se soucie pas de cohérence entre ce conte et *Le Mystère Frontenac* : s'il revient au héros du roman, ce n'est que pour « *s'identifi[er] à son personnage* » (*Œ3*, 1106). Cette explication est-elle vraiment satisfaisante ? Pour sa part, Richard Griffiths a suggéré que le ton mièvre et la fin autoréférentielle du récit sont caractéristiques d'une période de la production mauriacienne antérieure à 1938[108]. Mais même si la conception de *Conte de Noël* remonte plus loin que celle du *Mystère Frontenac* (et il n'y a rien dans le manuscrit pour le prouver), il est essentiel, nous semble-t-il, de lire le premier comme une réponse au second et, en particulier, comme un texte qui met en doute la conclusion du mythe du poète proposée à la fin du *Mystère Frontenac*.

La vision à la fin du roman représente une sorte de résolution des conflits et des angoisses qui ont accompagné le mythe élaboré par Mauriac dans le reste du texte. Yves envisage une ultime réconciliation avec sa mère et son Dieu. On retrouve une pareille vision d'unité harmonieuse à la fin du chapitre 2 de *Conte de Noël*.

Yves Frontenac, âgé de sept ans, et son ami, Jean de Blaye, se sont mis d'accord pour ne pas s'endormir la veille de Noël afin de découvrir si leurs cadeaux sont vraiment apportés par l'enfant Jésus. Au lit, l'imagination poétique de l'enfant de sept ans commence à transformer les objets dans sa chambre, puis s'étend à sa mère à son retour de la messe de minuit :

> C'était elle et ce n'était pas elle ; il me semblait plutôt que quelqu'un avait pris la forme de ma mère. [...] Bien sûr, c'était maman qui, après s'être attardée autour de la cheminée, s'approchait de mon lit. Mais Lui vivait en elle : je ne les séparais pas l'un de l'autre : ce souffle dans mes cheveux venait d'une poitrine où Dieu reposait encore. Ce fut à ce moment précis que je sombrai à la fois dans les bras de ma mère et dans le sommeil. (*Œ3*, 398)

Cette conscience d'une présence à la fois maternelle et divine qui l'enveloppe au moment de s'endormir rappelle la vision harmonieuse qu'a l'adulte alité à la fin du *Mystère Frontenac*. Mais, alors que cette vision constitue le dénouement du roman, elle ne constitue que la fin d'un chapitre dans le récit. Si le reste du texte ne l'efface pas complètement, il est certain qu'il l'éclipse.

Après les vacances de Noël, Jean de Blaye apparaît sans les boucles qui l'avaient toujours distingué des autres garçons (*Œ3*, 399). Ce signe extérieur d'illusions perdues se reflète aussi dans sa nouvelle agressivité à l'égard de la mère qui l'a « trompé » sur la provenance des cadeaux de Noël. C'en est fini de l'amitié des deux garçons.

Dans le quatrième et dernier chapitre du récit, Yves se souvient d'une rencontre qui eut lieu juste avant la guerre de 1914–1918. C'était la veille de Noël et, pour la première fois de sa vie, Yves la passait loin de sa famille, dans des cabarets parisiens en compagnie de gens qu'il connaissait à peine. C'est une situation analogue à l'exil décrit dans la deuxième partie du *Mystère Frontenac*. Le son du bourdon de la tour Pey-Berland revient le hanter dans *Conte de Noël*, tout comme les souvenirs du passé bordelais lui révèlent sa désolation au chapitre 18 du roman : « *Ce sont de ces moments de la vie, où on a la certitude de trahir. Mes compagnons ne trahissaient pas, parce qu'ils n'avaient pas à choisir. [...] Non, je n'avais aucune excuse, parce que j'étais poète et qu'un poète est un cœur en qui rien ne finit.* » (*Œ3*, 400-401). L'influence du *Mystère Frontenac* est évidente dans cette évocation d'un poète qui a négligé le passé, source de son inspiration. Dans le roman, les souvenirs d'enfance aident à préparer la conversion ultime du poète ; le dénouement constitue un retour sublimé aux valeurs de l'enfance — une conclusion qui devait clore non seulement *Le Mystère Frontenac*, mais l'œuvre tout entière. En revanche, les souvenirs qui reviennent à Yves dans *Conte de Noël* annoncent une nouvelle phase du mythe du poète.

Celle-ci concerne la naissance du romancier, provoquée par une rencontre fortuite entre Yves et le frère de Jean de Blaye, Philippe, dans un des cabarets où Yves s'est laissé entraîner. Une remarque faite par Yves sur les boucles de Jean rappelle une histoire à Philippe. Les deux frères étaient fascinés par un coffret en argent, fermé à clef, que leur mère refusait d'ouvrir. Convaincu qu'il contenait un trésor, Jean entra dans la chambre de sa mère et força la serrure du coffret, mais n'y trouva que ses boucles d'enfant. Fou de rage, il jeta ses vieilles boucles au feu. Philippe laisse entendre que, par la suite, son frère serait devenu criminel et qu'il serait récemment mort à Saïgon (*ŒUVRE 3*, 402).

L'aube point quand Yves rentre chez lui, revigoré « *non par les souvenirs de [s]on enfance, mais par [s]on enfance elle-même vivante et présente en [lui]* » (*ŒUVRE 3*, 403). Encore un écho de la fin du *Mystère Frontenac*, mais aussi de celle du *Temps retrouvé* quand le narrateur prend conscience de la signification de la mémoire involontaire. L'influence de Proust est encore plus évidente quand Yves écrit : « *Si je suis né poète, c'est cette nuit-là que je devins romancier, ou du moins que j'ai pris conscience de ce don, de ce pouvoir.* ». Puisque son héros a retrouvé l'esprit de l'enfance, Mauriac peut lever la malédiction de la stérilité créatrice qui pèse sur Yves depuis la fin de la première partie du *Mystère Frontenac*. Le roman auquel pense Yves aura pour thème le conflit entre Jean de Blaye et sa mère[109]. Il mettra l'accent sur les boucles coupées (encore un écho proustien peut-être[110]) et sur la scène du coffret. Il commence à l'écrire à l'aube du jour de Noël.

Ce dénouement est évidemment plus ouvert que celui du *Mystère Frontenac*. Il revient aussi à ces aspects de la créativité qui alimentaient la fiction de Mauriac, mais qui l'avaient toujours inquiété et qu'il avait tout simplement supprimés dans la vision à la fin du *Mystère Frontenac.* Le thème du roman envisagé par Yves — «*ce jeune mâle et cette mère dressés l'un contre l'autre*» (*Œ3*, 403) — ressuscite le conflit entre lui et Blanche que l'on trouve partout dans *Le Mystère Frontenac*, sauf au début et à la fin. Les événements principaux de ce roman imaginé mettent en scène les motifs psychanalytiques si communs dans l'œuvre mauriacienne. Jacques Petit fait observer que le retranchement des boucles pourrait être interprété comme le signe d'une castration (1105), hypothèse renforcée par le commentaire d'Yves à propos de la scène du coffret : «[...] *Jean de Blaye haïssait dans celle qui l'avait mis au monde cette obstination à faire revivre l'enfant qu'il n'était plus, à le tenir prisonnier de son enfance pour le garder plus sûrement sous sa coupe.*» (403). Selon Freud, le coffret à bijoux constitue un «*symbole intéressant de l'appareil génital de la femme*»[111]. L'action de Jean en violant le coffret maternel pourrait donc être interprétée comme une profanation symbolique de la mère, permettant au jeune mâle d'affirmer son indépendance en brûlant les boucles qui symbolisent sa dévotion filiale.

Conte de Noël nous incite à lire les romans mauriaciens du point de vue d'une relation hostile entre la mère et son fils dans le contexte d'une harmonie originale perdue. C'est l'inversion de la conclusion du *Mystère Frontenac* où une harmonie restaurée semble effacer les conflits antérieurs. Pourquoi cette différence ? C'est que *Le Mystère Frontenac* est un texte testamentaire pénitentiel, écrit à un moment où Mauriac craignait pour sa vie et, peut-être, pour son salut aussi. Au fur et à mesure que s'éloignait la menace de la mort, s'éloignaient aussi le sentiment de culpabilité et le désir de chercher refuge dans l'univers de l'enfance. Comme Mauriac le dit dans *Les Maisons fugitives* (publié peu après *Conte de Noël*) :

Le passé ne m'est plus un refuge contre le présent. Il s'étend derrière moi comme une lande exploitée et parfois sur le sol demeure étendu un cadavre d'arbre à demi pourri. Je ne m'attendris plus sur cette enfance étouffante, bien que cet étouffement ait sans doute obligé un enfant chétif à se délivrer dans la fiction. (*Œ3*, 908)

Ces paroles constituent un rejet du monde chanté dans *Le Mystère Frontenac*. Mauriac n'est redevable au passé que de l'avoir permis de devenir romancier — l'événement qui est au cœur de *Conte de Noël*. La naissance du romancier dans le récit coïncide avec l'anniversaire de celle du Christ. Les deux personnages sont inextricablement liés dans l'esprit de l'auteur, reste à savoir si leur relation sera déterminée par la similarité ou l'opposition. La même incertitude se trouve dans *Le Mystère Frontenac* : la naissance poétique d'Yves pendant les vacances de Pâques coïncide avec la résurrection du Christ et, en même temps, avec le printemps naturel. La tension entre ces deux forces est le moteur essentiel de l'imagination mauriacienne et sa résolution mettrait nécessairement fin à sa créativité. À la fin de ce qu'il considérait comme un texte testamentaire, il est normal que Mauriac décrive « *l'illumination de la dernière heure* » (*ŒC*, VIII, 388) quand « *tout conflit s'apaise* ». Mais, délivré de la crainte d'une mort imminente, il est normal, aussi, qu'il retourne à son mythe du poète.

Dans cette nouvelle étape du mythe, le poète devient romancier. Plus tard dans sa vie, Mauriac affirmera avoir « *toujours confondu* » ces deux personnages (*Œ5*, 523), mais la transition de l'un à l'autre dans *Conte de Noël* implique une attitude plus nuancée. La dernière phrase du récit — « *Un romancier venait de naître et ouvrait les yeux sur ce triste monde.* » (*Œ3*, 403) — suggère que le romancier tire son inspiration d'un monde déchu ; les origines du poète, en revanche, se trouvent dans l'atmosphère édénique évoquée à la fin du chapitre 2, quand la mère et Dieu sont fusionnés dans l'imagination poétique de l'enfant. Comme toujours dans notre étude, les termes *déchu* et *édénique* devraient être compris, non pas littéralement, mais du point de vue du mythe mauriacien. À ce niveau-ci, *Conte de Noël* fait ressortir le contraste entre la poésie (associée au paradis harmonieux de l'enfance) et le roman (associé aux conflits de l'âge adulte). Il n'y a bien entendu aucune division absolue entre les deux : le texte du *Mystère Frontenac* suggère que la meilleure poésie sera toujours écrite d'une perspective postédénique, alors que c'est la redécouverte de son enfance dans *Conte de Noël* qui incite Yves à devenir romancier. Il serait donc mieux de considérer les deux formes d'écriture comme représentant deux aspects de l'imagination mauriacienne : le premier rappelant l'union originale avec la mère et Dieu ; le second soulignant les conflits et les tensions qui accompagnent la perte de cet état primitif. Alors que *Le Mystère Frontenac* se termine par une vision « poétique » des rapports mère–fils, *Conte de Noël* finit par valoriser une vision « romanesque ».

Mauriac avait tenté de fournir une conclusion à son mythe du poète avec la vision harmonieuse qui clôt *Le Mystère Frontenac*. *Conte de Noël* met en doute cette conclusion en soulignant les aspects du mythe que Mauriac avait cherchés à supprimer dans le dernier paragraphe du roman de 1932, à savoir une tension ambivalente envers la mère (évoquée en termes quasi freudiens) et une conscience des problèmes inhérents au mariage de l'art et de la foi.

Conte de Noël ne sert-il donc qu'à rouvrir le cycle de conflits et de tensions qui sont essentiels à la créativité mauriacienne ? N'a-t-il rien de nouveau pour faire avancer le mythe du poète chez l'auteur ? Nous croyons que si. La dernière phrase du récit de 1938 laisse percer une nouvelle dimension de la conception mauriacienne de la fonction de l'écrivain. « *Un romancier venait de naître et ouvrait les yeux sur ce triste monde.* »[112] (*Œ3*, 403). Comment ne pas voir dans cette conscience naissante la transposition de l'expérience de l'auteur lui-même, concerné plus que jamais par les problèmes du monde extérieur, surtout à la suite de la guerre d'Espagne et de l'alliance entre Hitler et Mussolini. Dans *Le Mystère Frontenac*, Yves avait réagi aux questions politiques en les transformant en une vision apocalyptique ; dans *Conte de Noël* son regard est beaucoup plus sobre. Il peut donc être considéré comme l'avant-coureur des deux derniers écrivains que créa Mauriac : Pierre Costadot et Alain Gajac. En ce qui concerne leurs relations avec la mère et la religion, ces deux personnages ont à peu près les mêmes problèmes qu'Yves Frontenac, mais tous deux sont conscients, en même temps, de questions qui dépassent de loin leurs propres problèmes affectifs. Pour Pierre, il s'agit de l'influence corruptrice de l'argent et, pour Alain, de la violence meurtrière de la sexualité pervertie. Mauriac ne réussit pas vraiment à approfondir ces deux sujets, mais du moins sont-ils présents, contrebalançant la tendance à l'obsession personnelle dont l'auteur est parfois coupable. C'est cette transition du soi à l'autre — la trajectoire fondamentale de l'évolution de l'œuvre mauriacienne à partir des années Trente — que reflète la naissance du romancier à la fin de *Conte de Noël*.

CONCLUSION

L A lecture que nous avons proposée du *Mystère Frontenac* est loin de se prétendre exhaustive. En particulier, notre désir d'étudier à fond le mythe véhiculé par le personnage d'Yves ne nous a pas permis de réfléchir longuement aux autres membres de la famille. (Rappelons que Mauriac lui-même a décrit cette œuvre comme « *un roman sur la* FAMILLE » (*PR*, 78).) De même, les images et figures rhétoriques du texte n'ont été étudiées que par rapport au mythe qui constitue notre intérêt principal.

Si nous avons décidé de nous concentrer sur cet aspect du roman, c'est parce que le mythe du poète sous-tend beaucoup de ce que Mauriac a écrit pendant sa longue carrière littéraire. Le rôle de l'écrivain et la nature de sa créativité sont des thèmes auxquels Mauriac ne cesse de revenir dans sa fiction, sa poésie, ses œuvres biographiques et autobiographiques, ses essais et ses articles. Ces réflexions éparpillées revêtent une forme narrative particulière dans *Le Mystère Frontenac*, situé au carrefour de l'évolution personnelle et littéraire de l'auteur.

Le mythe du poète qu'on découvre dans *Le Mystère Frontenac* est en même temps un mythe autobiographique. Envisagé comme un texte testamentaire à une époque où la vie de Mauriac ne tenait qu'à un fil, le roman remplit la fonction autobiographique par excellence en dotant le cours de sa vie d'une forme et d'une signification. Mais, plutôt qu'une autobiographie *stricto sensu*, *Le Mystère Frontenac* relève du genre des « mémoires imaginaires » où des aspects de la vie de l'auteur sont soumis à des procédés romanesques comme l'orchestration, la transposition, l'amplification, la simplification et la réorientation. Comme Mauriac l'explique si bien dans *Le Romancier et ses personnages* :

> [...] la vie fournit au romancier un point de départ qui lui permet de s'aventurer dans une direction différente de celle que la vie a prise. Il rend effectif ce qui n'était que virtuel ; il réalise de vagues possibilités. Parfois, simplement, il prend la direction contraire de celle que la vie a suivie [...].
> (*Œ2*, 844)

Saurait-on mieux résumer la relation entre Yves et son créateur ? L'interpénétration de la mémoire et de l'imagination qui caractérise l'œuvre mauriacienne en général est démontrée de façon exemplaire dans *Le Mystère Frontenac*.

Nous avons suggéré que c'est le macro-récit de la Bible qui sert de toile de fond à l'odyssée d'Yves Frontenac. Sa genèse poétique est suivie de près par sa chute ; bien que le chemin du paradis de l'enfance soit désormais interdit, Yves a la possibilité de racheter sa condition déchue en consacrant son œuvre à une éthique de l'amour. Mais, refusant les conditions de sa vocation, il quitte Bordeaux pour Paris — un déplacement qui représente une sorte d'exode. Et pourtant, la terre promise de la capitale littéraire s'avère aride : Yves est condamné à une traversée pénible du désert de l'amour. Une vision apocalyptique le conduit au bord du désespoir. Mais ce scénario cauchemardesque est finalement remplacé par celui d'une réunion céleste pour tous les Frontenac. Cette conclusion est le véritable *hymne à la famille* dont parle Mauriac dans sa préface, une célébration des liens familiaux et de l'amour divin qui rappelle les origines pénitentielles du roman.

En s'inspirant du modèle du fils prodigue pour effectuer la conversion de la dernière heure de son héros autobiographique, Mauriac cherche peut-être aussi (du moins inconsciemment) à écrire son propre salut dans ce qui aurait pu être son dernier roman. Mais, aussi compréhensible que soit cet heureux dénouement dans une perspective testamentaire, il n'est guère satisfaisant d'un point de vue artistique. Les conflits entre l'art et la foi, entre la mère et la littérature qui caractérisent le reste du roman sont trop facilement oubliés dans l'ultime vision. De même, les grandes questions politiques soulevées dans l'avant-dernier chapitre — ce que Mauriac considérait comme la menace d'une révolution soviétique pour les concepts traditionnels de l'homme et de l'art — sont tout simplement abandonnées. Puisque Mauriac n'est pas mort après avoir terminé son roman, il a pu revenir à ces problèmes plus tard. *Conte de Noël* est particulièrement important à cet égard, parce qu'il montre que l'auteur lui-même n'était pas satisfait de la conclusion fournie par le dernier paragraphe du *Mystère Frontenac*. Comme il le reconnaît ailleurs : « *Chaque fois que j'ai donné à mes livres une conclusion optimiste, les critiques m'ont reproché d'avoir cédé à la peur du scandale et ont jugé que mon dénouement ne valait rien. Le plus triste est qu'ils avaient presque toujours raison.* » (*Œ3*, 935). *Conte de Noël* reprend le mythe du poète pour suggérer que l'écriture mauriacienne ne peut échapper aux conflits que nous avons mentionnés plus haut. Tant qu'il écrira, le mythe ne trouvera jamais de conclusion définitive. L'auteur continuera à interroger de façon anxieuse les mêmes problèmes qui le tenaillent dans *Le Mystère Frontenac*. *Conte de Noël* se concentre sur la transformation de l'amour filial en agression à l'égard de la mère et sur l'association ambivalente entre le romancier et le Christ. *Les Chemins de la mer* y ajoute la question de l'engagement politique du poète[113], alors qu'à travers le viol et le meurtre de Jeannette Séris, *Un Adolescent d'autrefois* soulève l'énorme problème de la réponse de l'écrivain au mal.

De tels textes, ainsi que de nombreux articles, témoignent de l'intérêt anxieux que Mauriac continuait à porter au rôle de l'écrivain. Bien que certains aspects du tableau présenté dans *Le Mystère Frontenac* soient peaufinés, la structure de base du mythe reste inchangée. Il n'y a certes aucun autre texte mauriacien qui offre une réflexion d'une si grande envergure sur sa propre créativité. Grâce à son statut testamentaire et autoréférentiel, *Le Mystère Frontenac* est peut-être le texte où Mauriac s'approche le plus d'une de ses grandes ambitions : « [...] *écrire un livre, un seul livre, qui [l]e dispenserait d'en écrire aucun autre.* »[114]. Cette recherche d'une clôture imaginaire souligne la position centrale occupée par *Le Mystère Frontenac* dans l'œuvre mauriacienne.

1. Pierre ROMNÉE, « François Mauriac et Maurice de Guérin », *L'Année guérinienne*, vol. 43, n° 1, janv.–mars 1975, pp. 25–32 (pp. 28–9).

2. Jean Touzot s'est déjà servi du mot *mythe* pour caractériser un autre aspect du roman : celui de l'opposition entre la mythologie familiale et « *une religion authentique* » (voir *François Mauriac : une configuration romanesque (profil rhétorique et stylistique)* [Paris, Lettres Modernes, « Archives des lettres modernes » 218, 1985], p. 92).

3. Pierre BRUNEL, *Mythocritique. Théorie et parcours* (Paris, P.U.F., 1992), p. 57.

4. On en trouvera un échantillon dans le *Dictionnaire des mythes littéraires*, Pierre BRUNEL *ed*. (Paris, Éditions du Rocher, 1988), pp. 7–15.

5. [Trad. de] Raymond WILLIAMS, *Keywords: a Vocabulary of Culture and Society* (London, Fontana, 1988), p. 211.

6. Cité in *Dictionnaire alphabétique et analogique de la langue française* (Paris, Le Robert, 1966).

7. Charles MAURON, *Des métaphores obsédantes au mythe personnel : introduction à la psychocritique* (Paris, Corti, 1963), p. 211.

8. Georges GUSDORF, *Auto-bio-graphie : lignes de vie 2* (Paris, Odile Jacob, 1991), p. 482.

9. François DURAND, « Mauriac, un autobiographe versatile ? », *CFM17* (1990), pp. 206–17 (p. 214).

10. Robin SKELTON, *The Poet's Calling* (London, Heinemann, 1975). Voir, en particulier, les chapitres 1, 2, 3, 5 et 9.

11. Paul CLAUDEL, *Œuvres en prose*, Jacques PETIT *et* Charles GALPÉRINE *eds* (Paris, Gallimard, « Bibl. de la Pléiade », 1965).

12. Sur la culture biblique de Mauriac, voir Claude ESCALLIER, *Mauriac et l'Évangile* (Paris, Beauchesne, 1993), pp. 132–5.

13. Voir M. H. ABRAMS, *Natural Supernaturalism: Tradition and Revolution in Romantic Literature* (New York, Norton, 1971), p. 83.

14. Helena SHILLONY, « Le Portrait de l'artiste en jeune homme : Yves Frontenac et Stephen Dedalus », *CFM11* (1984), pp. 275–85 (p. 276).

15. Marc QUAGHEBEUR, « Yves Frontenac désert », *Cahiers internationaux de Symbolisme*, n° 21, 1972, pp. 39–50 (pp. 47-8).

16. Claude DIRICK, « Une Approche plurielle du *Mystère Frontenac* », *TR27* (juin 1990), pp. 31–50.

17. John E. FLOWER, *Intention and Achievement: an Essay on the Novels of François Mauriac* (Oxford, Clarendon Press, 1969).

18. MAURIAC cité in Madeleine CHAPSAL, *Les Écrivains en personne* (Paris, Julliard, 1960), p. 130.

19. Marcel ARLAND, « Chronique des romans : *Voyage au bout de la nuit*, par Louis-Ferdinand Céline. *Le Mystère Frontenac*, par François Mauriac. *Smara*, par Michel Vieuchange », *La Nouvelle revue française*, n° 40, janv.–juin 1933, pp. 514–22 (p. 519).

20. Michel SUFFRAN, « *Le Mystère Frontenac* et *Un Adolescent d'autrefois* : deux romans-miroirs », pp. 227–42 in *Présence de François Mauriac : Actes du colloque organisé à Bordeaux pour le centenaire de Mauriac (10–12 octobre, 1985)* (Talence, Presses Universitaires de Bordeaux, 2ᵉ édition 1986), p. 230.

21. André Séailles, « Autobiographie et création romanesque », *CFM2* (1975), pp. 65–81 (p. 67).

22. M. Suffran, *François Mauriac* (Paris, Seghers, 1973), p. 57.

23. Lawrence Lipking, *The Life of the Poet: Beginning and Ending Poetic Careers* (Chicago, The University of Chicago Press, 1981), p. viii.

24. Pour des renseignements supplémentaires sur la maladie de Mauriac, on se reportera à Jean Lacouture, *François Mauriac* (Paris, Seuil, « Points littérature », 1990), tome I : *Le Sondeur d'abîmes : 1885–1933*, pp. 370-1.

25. Selon Lacouture (*op. cit.*, p. 391), *Le Mystère Frontenac* fut commencé début juillet et terminé à la mi-octobre, mais les mémoires de Maurice Martin du Gard montrent que Mauriac travaillait déjà sur le roman au mois d'avril (voir *Les Mémorables* [Paris, Grasset, 1978], t. III, pp. 92-3).

26. Roger Pons, *Procès de l'amour : études littéraires* (Paris, Castermann, 1955), pp. 183–93 : « *Le Mystère Frontenac* ou le rayonnement d'une mère », p. 185. Bien que le roman ait été écrit en 1932, l'édition originale n'a paru qu'en 1933.

27. Shillony, *loc. cit.*[14], p. 284.

28. Henry Bidou, « *Le Mystère Frontenac* par François Mauriac (Grasset) », *Journal des débats politiques et littéraires*, 24 févr. 1933, p. 5.

29. P. Brunel, « Blanche Frontenac », *CFM13* (1986), pp. 72–84 (p. 83).

30. Georges Houdin, *Mauriac, romancier chrétien* (Paris, Éditions du Temps Présent, 1945), p. 103.

31. Alain Palante, *Mauriac : le roman et la vie* (Paris, Éditions Le Portulan, 1946), pp. 139-40.

32. Donat O'Donnell, *Maria Cross: Imaginative Patterns in a Group of Modern Catholic Writers* (London, Chatto & Windus, 1953).

33. Cecil Jenkins, *Mauriac* (Edinburgh, Oliver and Boyd, 1965), p. 87.

34. Voir le jugement de Jacques Monférier : « *Hommage à la famille sans doute, ce roman laisse pourtant au lecteur une impression de tristesse et de désespérance presque totale.* » (*François Mauriac : du "Nœud de vipères" à "La Pharisienne"* [Genève, Slatkine, 1985], p. 92).

35. Pour une première approche de la question, voir K. Goesch, « Vérité et fiction dans *Le Mystère Frontenac* de François Mauriac », *Studi francesi*, t. CVI, anno XXXVI, gennaio–aprile 1992, pp. 96–8.

36. Georges May, *L'Autobiographie* (Paris, P.U.F., 1979).

37. F. Mauriac, « Supplément aux souvenirs », pp. 140-1 in *François Mauriac*, Jean Touzot ed. (Paris, L'Herne, « Cahiers de L'Herne » 48, 1985).

38. Jean Lebrec, « Les Premiers écrits autobiographiques de François Mauriac », pp. 229–38 in *Humanisme et foi chrétienne : mélanges scientifiques de l'Institut Catholique de Paris*, publiés par Charles Kannengiesser et Yves Marchasson (Paris, Beauchesne, 1976), p. 230.

39. « François Mauriac », pp. 167–9 in *Le Dernier quart d'heure*, Pierre Lhoste ed. (Paris, Éditions de la Table Ronde, 1955), p. 169.

40. G. Gusdorf, « Conditions et limites de l'autobiographie », pp. 105–23 in *Formen der Selbstdarstellung : Analekten zu einer Geschichte des literarischen Selbstportraits. Festgabe für Fritz Neubert* (Berlin, Duncker & Humblot, 1956), p. 115 ; reproduit pp. 217–36 in Philippe Lejeune, *L'Autobiographie en France* (Paris, Armand Colin, 1971), p. 228.

41. La lettre du 1ᵉʳ mai 1932 à Louis Brun révèle les difficultés financières de Mauriac à cette époque (*LV2*, 147).

42. Nous avons étudié cette question dans « Problems of Establishing an Autobiographical Identity: the Case of François Mauriac », pp. 17–30 in *Locating Identity: Essays on Nation, Community and the Self*, Paul COOKE, David SADLER and Nicholas ZURBRUGG eds (Leicester, De Montfort University, 1996).

43. Georges DUHAMEL, *Remarques sur les mémoires imaginaires* (Paris, Mercure de France, 1934), pp. 35, 47.

44. LEJEUNE, *L'Autobiographie en France* (*op. cit.*⁴⁰), p. 85.

45. Les paroles de la prière maternelle sont incorporées dans le premier poème de *L'Adieu à l'adolescence* (*ŒC*, VI, 368).

46. Paul CROC, « Mauriac et Freud », pp. 219–31 in *François Mauriac* (*op. cit.*³⁷), p. 223. Une nouvelle version de cet article, intitulée « Lunettes freudiennes », a paru dans *François Mauriac : Psycholectures/Psychoreadings*, J. E. FLOWER ed. (Exeter, University of Exeter Press, 1995), pp. 218–31.

47. José-Marie BATAILLE, « La Chambre de la mère », pp. 131–40 in *Présence de François Mauriac* (*op. cit.*²⁰).

48. Pour une analyse plus détaillée du rôle du père dans ce roman, voir notre article « The Paternal Reverie in Mauriac's "mémoires imaginaires" », *French Studies*, no. 50, 1996, pp. 299–310.

49. Voir Arthur HOLMBERG, « Lectures de jeunesse, livres de maturité », *CFM11* (1984), pp. 106–21.

50. Voir J. E. FLOWER, « Tunnels in *Thérèse Desqueyroux* », *Australian Journal of French Studies*, vol. 22, no. 2, 1985, pp. 126–37 (p. 135).

51. Sigmund FREUD, *Essais de psychanalyse appliquée*, traduit de l'allemand par M. BONAPARTE et E. MARTY (Paris, Gallimard, 1971), pp. 69–81.

52. Voir J. FLOWER, « La Mère, personnage clé dans les romans de Mauriac », *CFM13* (1986), pp. 59–71.

53. Charles BAUDELAIRE, *Œuvres complètes*, Claude PICHOIS ed. (Paris, Gallimard, « Bibl. de la Pléiade », 1976).

54. F. MAURIAC, « Préface », p. 14 in Maurice DE GUÉRIN, *Le Centaure, La Bacchante* précédés de « Le Génie de Maurice de Guérin » par Charles DU BOS (s.l., Falaize, 1950).

55. M. DE GUÉRIN, *Œuvres complètes*, Bernard d'HARCOURT ed. (Paris, Les Belles Lettres, 1947), tome I.

56. Jean-Yves TADIÉ, *Le Récit poétique* (Paris, P.U.F., 1978), p. 61.

57. Voir Marina BETHLENFALVAY, *Les Visages de l'enfant dans la littérature française du XIXᵉ siècle : esquisse d'une typologie* (Genève, Droz, 1976), pp. 19–42.

58. F. MAURIAC, « L'Adolescence et la folie », *Le Figaro*, 14 mai 1951, p. 1.

59. Voir J. S. T. GARFITT, « Paradoxes du printemps dans l'œuvre romanesque de François Mauriac », *TR23* (juin 1988), pp. 83–91.

60. Paul BÉNICHOU, *Le Sacre de l'écrivain 1750–1830 : essai sur l'avènement d'un pouvoir spirituel laïque dans la France moderne* (Paris, Corti, 1973), pp. 13–7.

61. Alfred DE VIGNY, *Œuvres complètes*, François GERMAIN et André JARRY eds (Paris, Gallimard, « Bibl. de la Pléiade », 1986), tome I.

62. Stéphane MALLARMÉ cité d'après le texte original de l'article reproduit in

Norman PAXTON, *The Development of Mallarmé's Prose Style with the Original Texts of Twenty Articles* (Genève, Droz, 1968), p.123.

63. Selon Claudel, « *la note, d'une pureté édénique* » (p.515[11]) se fait entendre dans la poésie de Rimbaud.

64. Charles DU BOS, *Du « spirituel » dans l'ordre littéraire* (Paris, Corti, 1967), pp.15, 16.

65. Voir Valéry qui définit l'artiste comme « *un être séparé, à la fois victime et lévite* » (cité par Robert GIBSON, *Modern French Poets on Poetry* [Cambridge, Cambridge University Press, 1961], p.117).

66. Blaise PASCAL, *Pensées*, Léon BRUNSCHVICG ed. (Paris, Garnier-Flammarion, 1976), p.158 (Brunschvicg 397 ; Lafuma 114).

67. Georges BERNANOS, *Essais et écrits de combat*, textes présentés et annotés par Yves BRIDEL, Jacques CHABOT et Joseph JURT, sous la direction de Michel ESTÈVE (Paris, Gallimard, « Bibl. de la Pléiade », 1971), tome I, p.355.

68. On retrouve les mêmes contradictions chez Mauriac adolescent (*Œ5*, 83).

69. Voir la façon dont Claudel décrit *Une Saison en enfer* : « [...] *ce livre si sombre, si amer, et en même temps pénétré d'une mystérieuse douceur.* » (p.518[11]).

70. Voir T. R. WRIGHT, *Theology and Literature* (Oxford, Blackwell, 1988), p.153.

71. Voir la théorie esquissée par Michael EDWARDS, « Vers une poétique chrétienne », pp.15–22 in *Littérature européenne et spiritualité : Actes du colloque d'Oxford, Wadham College, 26–29 juillet 1990* (Sarreguemines, Éditions Pierron, 1992) (il s'agit d'un résumé des idées principales de son livre *Towards a Christian Poetics* [London, Macmillan, 1984]).

72. F. MAURIAC, « La Chance de survivre », *Le Figaro littéraire*, 11 oct. 1958, p.1.

73. *Traduction œcuménique de la Bible*, nouvelle édition revue (Paris, Éditions du Cerf, 1991).

74. Il faut toutefois remarquer qu'au moment de la composition de ce passage, Mauriac n'avait pas encore choisi le titre définitif du roman (voir les notes de Jacques Petit, p.1245 et p.1265).

75. Voir aussi l'article « Les Champs et la ville » du 6 septembre 1919 (*MAM*, 125-6) où Mauriac décrit une scène nocturne très proche de celle du *Mystère Frontenac* et l'associe déjà à la créativité poétique.

76. Une pareille image est employée dans *Thérèse Desqueyroux* pour traduire le sentiment qu'a l'héroïne d'être emprisonnée (*Œ2*, 67).

77. BRUNEL, *loc. cit.*[29], p.79.

78. Voir le *Bloc-notes* où Mauriac avoue sa perplexité devant le problème de « *l'entre-dévorement* » (*BN2*, 56).

79. Voir *Ce que je crois* : « [...] *si c'est Dieu qui nous console, ou si c'est nous-mêmes qui parlons à nous-mêmes, il ne nous appartient pas de le démêler* [...]. » (*Œ5*, 625).

80. Voir la réaction du poète à l'appel de « *La Muse qui est la grâce* » dans l'ode claudélienne : « *Va-t'en ! Je me retourne désespérément vers la terre !* » (P. CLAUDEL, *Œuvre poétique*, Jacques PETIT ed. [Paris, Gallimard, « Bibl. de la Pléiade », 1967], p.276).

81. À la fin de sa vie, Mauriac rappelle que, pendant sa jeunesse, on donnait

d'abord un sens religieux au mot *vocation*, mais ajoute : «*Dès que nous étendîmes la signification de ce terme à un certain appel qui nous concernait seuls, qu'il s'agissait d'entendre, je sus pour moi que la vocation c'était évidemment l'écriture* [...].» (*BN5*, 345).

82. On retrouve le même refus chez le poète Philippe dans la première œuvre de Mauriac, «La Tour d'ivoire» (1905), reprise in *TR5* (juin 1979), pp. 47–51 (p. 48).

83. Voir Claudel qui voit dans le parcours de Rimbaud «*le récit tragique de cette vocation*» (p. 515[11]).

84. André ROUSSEAUX, *Âmes et visages du XXe siècle* (Paris, Grasset, 1932), pp. 36–64 : «François Mauriac, ou l'adolescence prolongée», pp. 46–50.

85. *Correspondance André Gide–François Mauriac : 1912–1950*, Jacqueline MORTON ed., *Cahiers André Gide*, n° 2 (Paris, Gallimard, 1971), p. 33.

86. André GIDE, *Romans. Récits et soties. Œuvres lyriques*, Yvonne DAVET et Jean-Jacques THIERRY eds (Paris, Gallimard, «Bibl. de la Pléiade», 1958), p. 186.

87. Cité par A. ROUSSEAUX, «Courrier des lettres : drames de famille», *Le Figaro*, 22 févr. 1933, p. 5.

88. *Correspondance André Gide–François Mauriac* (*op. cit.*[85]).

89. Voir K. GOESCH, *François Mauriac : essai de bibliographie chronologique, 1908–1960* (Paris, Nizet, 1965) et *François Mauriac : essai de bibliographie des œuvres de François Mauriac* (Paris, Lettres Modernes, «Calepins de bibliographie» 8, 1986).

90. Voir J. E. FLOWER, «Mauriac et Paris : "À nous deux !"», *CM*, 2 (1988), pp. 41–57 (p. 42) et *LV2*, p. 12.

91. Voir l'analyse (un peu trop ingénieuse à notre avis) de Guy FOURNIER, «Jeunesse–Janus, jeunesse–rébus ou la double duplicité du portrait», *CFM11* (1984), pp. 54–76 (pp. 67-8).

92. André SÉAILLES, «Le Désert de l'amour chez les adolescents mauriaciens», *CFM11* (1984), pp. 157–71 (p. 163).

93. En juin 1929 Mauriac était revenu d'Espagne en passant par Bordeaux, sans rendre visite à sa mère (son compagnon, Ramon Fernandez, étant pressé de rentrer à Paris). Elle est morte quelques jours plus tard sans qu'il ait pu la rejoindre (*ŒE5*, 763-4). Ces souvenirs douloureux sont transposés au chapitre 15 du *Mystère Frontenac*.

94. Les raisons de l'échec de Pierre Costadot dans *Les Chemins de la mer* sont très similaires (*ŒE3*, 677, 682, 691).

95. Voir Émile ZOLA, *Les Rougon-Macquart : histoire naturelle et sociale d'une famille sous le Second Empire*, Henri MITTERAND ed., tome III (Paris, Gallimard, «Bibl. de la Pléiade», 1964), pp. 1152-3, 1163, 1383-4.

96. Voir Maurice MAUCUER, «Yves Frontenac et les "fourmis à tête d'homme"», *CFM7* (1980), pp. 133–45.

97. René BADY, «Mauriac et la famille», *Revue du siècle*, vol. 1, n° 4, juil.–août 1933, pp. 45–56 (p. 54).

98. François Régis Lequai souligne l'ambivalence politique de Mauriac pendant les années Trente, le voyant «*comme un homme partagé entre les valeurs de droite et de gauche*» («Mauriac journaliste de 1932 à 1939», pp. 183–96 in *François Mauriac entre la gauche et la droite. Actes du colloque de la Sorbonne, 24–26 mai 1994* [Paris, Klincksieck, 1995], p. 189).

99. Marie-Françoise CANÉROT, *Mauriac après 1930 : le roman dénoué* (Paris, SÉDES, 1986), pp. 76-7.

100. Pour une analyse approfondie de la question, voir Nozomi TAKENAKA, *Le Sacrifice et la communion des saints dans les romans de François Mauriac* (Paris, Lettres Modernes, «Thèmes et mythes», 1996).

101. Voir SÉAILLES, *loc. cit.*[92], pp. 159–60.

102. Sans doute Mauriac fait-il allusion à *Genitrix*, une de ses évocations les plus sombres de la vie familiale.

103. DU BOS, *op. cit.*[64], p. 134.

104. Maurice DE GUÉRIN, *Poésie*, Marc FUMAROLI *ed.* (Paris, Gallimard, 1984), p. 17.

105. Voir ÉTIEMBLE, *Le Mythe de Rimbaud* (Paris, Gallimard, 1952), tome II, pp. 149–58.

106. Voir, à titre de comparaison, la lecture faite par Hubert du Journal de son père (*Œ2*, 528-9) et les remarques de Susan Rubin SULEIMAN, *Le Roman à thèse ou l'autorité fictive* (Paris, P.U.F., 1983), pp. 270–2.

107. Voir Maurice MAUCUER, «Le Retour des personnages dans le roman de Mauriac», *CFM5* (1978), pp. 22–35.

108. Richard GRIFFITHS, «Mauriac and the art of the short story», pp. 77–95 in *François Mauriac: Visions and Reappraisals*, J. E. FLOWER *and* B. C. SWIFT *eds* (Oxford, Berg, 1989), p. 84.

109. C'est le thème de *Genitrix*, un des premiers romans qu'écrivit Mauriac après avoir trouvé son style à lui. Voir R. GRIFFITHS, «1920–1925 : du "roman catholique" traditionnel au roman mauriacien», *CFM11* (1984), pp. 23–39 (pp. 32-33).

110. Pour le narrateur proustien, le jour où on lui avait coupé les boucles marque la «*date* [...] *d'une ère nouvelle*» (Marcel PROUST, *À la recherche du temps perdu*, Jean-Yves TADIÉ *ed.* [Paris, Gallimard, «Bibl. de la Pléiade», 1987], t. I, p. 4).

111. Sigmund FREUD, *Introduction à la psychanalyse*, traduit de l'allemand par S. JANKÉLÉVITCH (Paris, Payot, 1961), p. 141.

112. Voir le *Bloc-notes* : «*Quand j'étais jeune, c'était du plus secret de mon être que j'écoutais sourdre la tristesse. Aujourd'hui, c'est du dehors qu'elle vient, du malheur des hommes et de la nation.*» (*BN1*, 163).

113. Voir notre article, «Le Poète et la poésie dans *Les Chemins de la mer*», *CM*, 11 (été 1997), pp. 79–101.

114. F. MAURIAC, «Vue sur mes romans», pp. 163–9 in *François Mauriac* (*op. cit.*[37]), p. 163.

TABLE

ARCHIVES DES LETTRES MODERNES
études de critique et d'histoire littéraire
collection fondée en 1957 par Michel MINARD

*

Cette collection n'est pas périodique mais on peut souscrire des abonnements aux cahiers **à paraître** (sans effet rétroactif) regroupés en livraisons d'un nombre variable de pages, donc de cahiers.

(tarif valable à partir d'août 1998)

60 cahiers **à paraître** : FRANCE-ÉTRANGER : **690 F**
+ frais de port (septembre 1998)
suivant zones postales et tarifs en vigueur à la date de facturation
France : **78 F**   Étranger : zone 1 (Europe, Algérie, Tunisie, Maroc) : **42 F**
zone 2 (autres pays) : **69 F**
les souscriptions ne sont pas annuelles et ne finissent pas à date fixe

──────── **services administratifs et commerciaux** ────────
MINARD — 45, rue de Saint-André — 14123 Fleury-sur-Orne
Fax : 02 31 84 48 09   Tél. : 02 31 84 47 06

cette livraison n° 274 de la collection
ARCHIVES DES LETTRES MODERNES
ISSN 0003-9675
a été servie aux souscripteurs abonnés
au titre des cahiers 603–608

Paul COOKE

Mauriac et le mythe du poète
une lecture du *Mystère Frontenac*

ISBN 2-256-90468-7 (02/99)
MINARD 80F (02/99)

LETTRES MODERNES MINARD
est la marque éditoriale commune des publications de
éditorat des lettres modernes, minard lettres modernes, librairie minard
10 rue de Valence, 75005 PARIS   45 rue de St-André, 14123 FLEURY/ORNE
Tél. : 01 43 36 25 83   Fax : 02 31 84 48 09   Tél. : 02 31 84 47 06
exemplaire conforme au Dépôt légal de février 1999
bonne fin de production en France
Minard 45 rue de Saint-André 14123 Fleury-sur-Orne